THÈSE
POUR LE
DOCTORAT

UNIVERSITÉ DE PARIS — FACULTÉ DE DROIT

DE LA
RESPONSABILITÉ PÉNALE
DES
ASSOCIATIONS

THÈSE POUR LE DOCTORAT

L'ACTE PUBLIC SUR LES MATIÈRES CI-APRÈS

Sera soutenu le Lundi 17 Avril 1899, à 1 heure

PAR

Charles GÉMINEL

AVOCAT A LA COUR D'APPEL

Président : M. LE POITTEVIN.

Suffragants : { MM. BERTHÉLEMY, SALEILLES, } *professeurs.*

PARIS

LIBRAIRIE NOUVELLE DE DROIT ET DE JURISPRUDENCE

ARTHUR ROUSSEAU

ÉDITEUR

14, rue Soufflot, et rue Toullier, 13

1899

BIBLIOGRAPHIE

—

Acollas. — Manuel de droit civil, t. 1, p. 544.

Bartole. — Œuvres complètes (Bâle 1545).

Berendes. — *Delicht und Haftung der juristischen Personen nach gemeinem Rechte.*

Beseler. — *System des gemeinen deutschen Privatrechts.* — *Volksrecht und Juristenrecht.* — *Lehre von den Erbvertrœgen.*

Beudant. — Note D. 79, 1, 5.

Blanche. — Etudes pratiques sur le Code pénal.

Bluntschli. — *Deutsches Privatrecht* (1853).

Bouvier. — De la responsabilité pénale et civile des personnes morales (thèse 87).

Brinz. — *Pandekten.*

Capitant. — Introduction à l'étude du droit.

Cassagnade. — Personnalité des sociétés civiles et commerciales (thèse 84).

Chauveau, Faustin-Hélie et Villey. — Théorie du Code pénal, t. 1.

Clarus (Julius). — *Practica criminalis (Opera omnia, Lugduni 1672).*

Dahn. — *Vernunft in Recht.*

Damhouder. — *Praxis rerum criminalium* (1554).

Demogue. — Responsabilité civile des délits.

Deschanel (Paul). — La question sociale.

Dutruc. — Mémorial du Ministère public (1871).

Farinaccius. — *Praxis et theoria criminalis* (1597).

Faustin-Hélie. — Pratique criminelle (1877).

Feuerbach. — *Lehrbrech des peinlichen Rechts*, édit. (1836).

Gail. — (1525-1587) *De pace publica* (1661).

Gandino (Albert de). — († vers 1300). *De Maleficiis*. Lugd. (1551).

Garraud. — Précis de droit criminel (6e édition 1898). — Traité de droit pénal (2e édit. 1898).

Georg. — Etude sur la personnalité juridique. Thèse 90, Genève.

Gide (Charles). — L'idée de la solidarité.

Gierke. — *Das Genossenschaftrecht*, 3 vol. — *Die Genossenschaft-theorie und die deutsche Rechtsprechung*. — Art. *Corporation*, dans *Holtzensdorffs'*Lexicon.

Hauriou. — Précis de droit administratif, 3e éd. (1897). — La personnalité comme élément de la réalité sociale (dans *Revue générale de droit*, janvier et mars 98).

Haus. — Principes généraux de droit pénal belge, 3e édit. (1879).

Heuvel (van den). — Situation légale des associations sans but lucratif en France et en Belgique, 2e éd.

Hinschius. — *das Kirchenrech*, t. 3.

Hubert-Valleroux. — Les associations coopératives. — Les corporations d'arts et métiers et les syndicats professionnels.

Jousserand. — De la responsabilité du fait des choses inanimées (1897).

Kirchenheim. — *Delichtsfæhigkeit von Verbandpersonen*, dans *Zeitschrift für Strafrecht und Strafprozess*, vol. 37, p. 421 ; et 40, p. 251.

Kries (von). — *De delictis universitatum* (1876).

Kohler. — *Studien auf Strafrecht*, t. III.

Laborde. — Précis de droit criminel, 2e éd. (1898).

Laferrière. — Traité de la juridiction administrative, 2e éd. 96, t. II.

Lainé. — Traité élémentaire de droit pénal, 1881. — Les personnes morales en droit international privé *(Journal de droit international privé*, 1893, p. 279).

Lefebvre. — Discipline notariale.

Levasseur. — Histoire des classes ouvrières en France.

Fustel de Coulanges. — La cité antique.

Listz. — *Lehrbuch des deutschen Strafrechts* (9e édit. 1898). — Et dans Bekher-Beitrage, fasc. 5, note 9, p. 411.

Merkel. — *Lehrbuch des Strafrechts* (1889).

Michoud. — De la responsabilité de l'Etat, *Revue de droit public* (1895).

Mynsinger. — *Singulares observationes* (1517-1588).

Normand. — Traité élémentaire de droit criminel (1896).

Nougier. — Des brevets d'invention.

Nourrisson. — Poursuite des crimes et délits par les associations.

Oldradus. — († 1535). *Consilia et quæstiones* (Venet. 1503).

Ortolan. — Eléments de droit pénal, 5e éd. (1886).

Piebourg. — Quelques questions sur les personnes civiles.

Planiol. — Note dans D. 93, 2, 513.

Pothier. — OEuvres (édit. Bugnet), t. VIII, IX, X.

Saleilles. — Les accidents du travail et la responsabilité civile, Paris 97. — Essai d'une théorie générale de l'obligation d'après le projet de Code civil allemand (1890). — Histoire de la société en commandite *(Annales de droit commercial*, 1895 et 97). — L'individualisation de la peine (1898).

Sauzet. — Nature de la personnalité morale des syndicats professionnels, *Revue critique*, p. 88.

Savigny. — *System des heutigen ræmischen Rechts*, t. 2. — Histoire du droit romain au Moyen-Age.

Sintenis. — *De delictis et pœnis universitatum* (1825). — *Lehrbuch des gemeinen Civilrechts*, 1, p. 125.

Sourdat. — Traité de la responsabilité.

Sumner-Maine. — Etudes sur l'ancien droit et la coutume primitive.

Tarde. — La philosophie pénale (1890).

Vareilles-Sommières (de). — Contrat d'association.

Vauthier. — Les personnes morales.

Vavasseur. — Traité des sociétés civiles et commerciales, t. 1. — Revue des sociétés, 97, p. 797.

Waltzing. — Les corporations chez les Romains, t. 1, (1895).

Zitelmann. — *Begriff und Wesen der sogenannten juristichen Personen.*

INTRODUCTION

—

On admet, en général, que l'homme seul peut être considéré comme l'auteur du délit. Mais l'homme n'agit pas toujours individuellement, car le but qu'il poursuit est souvent inaccessible à son effort isolé ; il est alors obligé de s'unir à d'autres pour augmenter sa puissance. Les activités individuelles se fondent ainsi en une activité collective plus puissante, et partant, plus dangereuse.

Le droit civil reconnaît aux groupements qui résultent de telles unions une existence et des droits distincts de ceux des individus qui les composent. Le droit pénal, au contraire, se refuse à consacrer leur capacité. Cependant si l'on voit dans l'association autre chose que la simple juxtaposition de droits appartenant à leurs membres, s'il est vrai, comme le prétend M. Henry Joly (1) que « certaines relations, certains caractères et certains

(1) Henri Joly, *Bulletin de la Société générale des prisons*, séance du 22 avril 1896.

droits importants n'existent qu'en vertu et en conséquence de la constitution même du groupe », on est
logiquement amené à imposer à ces êtres collectifs,
doués d'une vie propre, des devoirs correspondant à
leurs droits, et à leur appliquer une sanction pénale en
cas d'infraction.

L'association n'a été pendant longtemps envisagée
chez nous qu'au point de vue du droit privé. On ne
parlait que de ses droits d'être propriétaire ou créancière
et l'on se préoccupait avant tout de restreindre sa capacité d'acquérir. Il n'en est plus de même aujourd'hui.
Le développement de l'esprit d'association a insensiblement amené la jurisprudence et la doctrine à modifier
leurs idées relativement à la nature et la capacité des
sociétés. Non seulement on les assimile chaque jour
davantage à l'individu, au point de vue civil, mais on
va même parfois jusqu'à vouloir faire disparaître toute
différence entre l'être individuel et l'être collectif, en
réclamant pour celui-ci des droits même politiques.
Bien plus, on a proposé d'attribuer à quelques groupes
la qualité d'auxiliaires du ministère public (1), en leur
confiant le soin de poursuivre des crimes ou des délits,
sans exiger qu'elles en aient été victimes elles-mêmes,
ni qu'aucun de leurs membres en ait souffert. Ils auraient
ainsi une capacité supérieure à celle du simple individu.

(1) De telles sociétés existent en Angleterre et aux États-Unis.

Cette extention progressive et en quelque sorte nécessaire des droits de la collectivité ne nous prouve-t-elle pas que l'on se trompe, lorsqu'on ne voit en elle qu'une pure fiction, créée par le législateur pour les besoins du droit? N'indique-t-elle pas, au contraire, que nous sommes ici en présence d'un être aussi réel que l'individu lui-même, doué comme lui d'une volonté naturelle qu'il peut réaliser par lui-même, en connaissance de cause? S'il en est ainsi, le délit corporatif devient admissible. Car s'il ne peut s'accorder avec la notion de l'être fictif, il s'explique facilement, lorsqu'on attribue à la personnalité collective même régime et même nature qu'à la personnalité individuelle.

Nous nous sommes proposé, dans cette étude, de retracer l'histoire de la responsabilité collective depuis les origines jusqu'à la Révolution, de l'étudier dans la doctrine allemande, chez les auteurs qui s'efforcent aujourd'hui de la faire revivre, et de rechercher ensuite si notre législation et notre jurisprudence nous offrent quelques cas exceptionnels d'application de cette responsabilité généralement condamnée. Nous nous attachons de préférence à l'examen de la responsabilité pénale des groupements issus du libre concours des individus, sans vouloir aborder l'examen des responsabilités de l'État, des communes, à raison des actes de leurs agents. Nous terminons par l'examen de quelques doctrines actuelles relatives à la nature de la personne morale, et des progrès de l'idée d'association, nous demandant si la responsalilité pénale des groupes peut et doit-être actuellement reconnue.

PREMIÈRE PARTIE

HISTOIRE

—

Introduction historique. — Responsabilité familiale primitive.

Dans l'humanité primitive le crime apparaît. Comme un acte collectif, il n'est pas considéré comme le fait d'un seul, la répression n'en est pas limitée au véritable auteur. C'est qu'à l'origine, ainsi que le constate Sumner-Maine (1), il y a en présence, dans les relations sociales, non pas des individus, mais des groupes. L'individu n'est rien, il disparaît tout entier dans la famille ou la tribu à laquelle il se rattache ; elle seule est douée d'une personnalité propre, seule elle est responsable.

L'élévation morale et la dépravation de l'individu se confondant avec les mérites et les fautes de la collecti-

(1) Sumner-Maine, *Études sur l'ancien droit et la coutume primitive.*

vité : telle est la situation d'esprit de toute civilisation
à ses débuts. C'est le chef de famille qui est responsable en tant que représentant du groupe dont il n'est que
l'organe : c'est entre chefs de famille que se règlent
les contestations survenues entre les membres de leurs
familles respectives. Ce n'est pas à l'individu coupable
que la partie lésée demande réparation du dommage
qu'elle subit : ce n'est même pas elle qui agit. Tout
s'analyse en une relation de famille à famille ou de
tribu à tribu.

Il ne peut y avoir atteinte à des droits individuels,
car de tels droits n'existent pas, on ne connaît à ces
époques reculées que des droits et des obligations collectifs. C'est pourquoi on admet la solidarité dans la
faute. Il ne s'agit pas seulement ici de cette solidarité
morale qui jette le discrédit sur toute une famille pour
le crime d'un seul de ses membres et qui, de nos jours
encore, poursuit dans la personne des fils innocents les
vices ou les crimes de leurs parents, mais il s'agit surtout de cette solidarité réelle qui faisait jadis qu'un
crime individuel était toujours suivi de représailles san-
glantes contre toute une collectivité.

Dans les législations anciennes le chef de famille est
juge responsable de tous les délits commis par toutes
les personnes que les liens du sang ou de l'adoption
rangent sous son autorité. Les tombeaux Egyptiens (1)

____

(1) Champollion, *Lettres d'Egypte et de Nubie*, p. 82 et 83.

nous offrent une série de bas-reliefs représentant cette juridiction du maître s'étendant à tous les membres de sa famille et à ses esclaves. Si le maître ne punit pas l'individu coupable, la famille tout entière sera rendue responsable aux yeux de l'État du fait incriminé.

Il en est de même dans la Grèce et la Rome primitives : là encore, la famille est le véritable corps social, le véritable être vivant dont l'individu n'est qu'un membre inséparable.

La personnalité juridique de l'individu est intimement liée au statut familial ; pendant longtemps, un simple changement de famille suffit à la briser. Cette étroite solidarité entre l'individu et le corps dont il fait partie s'étend aussi au domaine pénal. Non seulement la gens entière répond de la dette civile d'un de ses membres, mais elle doit l'accompagner toute entière devant le Tribunal quand il est l'objet d'une poursuite criminelle et payer l'amende qui lui est infligée (1). La gens peut même être condamnée elle-même pour le fait d'un de ses membres : c'est ainsi qu'à la suite du meurtre de Camille, la gens Horatia se vit imposer certains sacrifices expiatoires qu'elle accomplissait encore au temps de Cicéron.

Cette responsabilité de la gens s'est affaiblie peu à peu, à mesure que se développa la notion de la personnalité individuelle et que se relâchèrent les liens étroits

(1) Fustel de Coulanges, *La Cité antique*, p. 114.

qui au début unissaient les individus de même origine et de traditions communes.

Associations à Rome. — Constitution, capacité, responsabilité pénale.

Outre les cas de responsabilité collective que nous venons d'énoncer, d'autres encore pouvaient naître à Rome, la famille et la gens n'y étant pas les seules formes de groupements.

Les individus peuvent en effet, dès les premiers siècles de Rome, former librement des associations : les unes ont une origine religieuse, réunions aristocratiques ou plébéiennes, supposant l'existence de liens de famille entre ceux qui les ont fondées : on se réunissait à l'origine pour fêter une divinité commune et prendre un repas commun. Les autres sont formées entre gens du même métier. Les principales furent celles des forgerons, des boulangers, des bateliers, des maçons, des *porcinarii urbis æternæ*, etc.

Certaines de ces dernières sont composées de fonctionnaires publics de même ordre ; c'est ainsi qu'il existe un corps de scribes dont les fonctions auprès des particuliers sont analogues à celles des notaires actuels.

Les associations religieuses sont en nombre considérable : chaque temple a son collège de prêtres, et plus tard avec le christianisme apparaissent les établissements religieux, les hospices et d'autres institutions de bienfaisance qui personnifient l'ensemble des pauvres et des malades d'une localité et qui recueillent les libéralités qui leur sont adressées.

Toutes ces associations se forment à l'origine librement, et il en est ainsi jusqu'au milieu du VII° siècle de Rome, les premières prohibitions n'apparaissent qu'au temps de Cicéron et de Clodius. La loi des XII Tables n'interdit que les réunions nocturnes dans la ville : les réunions clandestines apparaissent alors comme seules prohibées.

Ce mouvement d'association prit une grande extension sous la République : mais bientôt le pouvoir le jugea dangereux. Au régime de la Liberté, succède le régime de l'autorisation préalable. Les associations amicales primitives étaient insensiblement devenues des foyers de sédition, des coteries politiques. C'est alors qu'apparaît le système de la prohibition. Auguste (1) supprime toutes les *sodalitates* et ne laisse subsister que les anciennes corporations d'artisans et les collèges de prêtres (2). De nouvelles associations se forment, mais

(1) « Plurimæ factiones titulo collegii novi ad nullius vel facinoris societatem coibant ; igitur collegia præter antiqua et legitima dissolvit » (Suetone Aug. 36).

(2) Cette suppression est l'œuvre d'une *lex Julia de collegiis*, qui ne nous est pas parvenue.

désormais elles doivent obtenir l'autorisation impériale,
et elles n'existent que dans la mesure de cette autorisation. Quelques-unes cependant continuent à se former
librement : il en est ainsi des *collegia tenuiorum*, associations de pauvres gens, destinées à assurer la sé-
pulture de leurs membres : de même, après le triomphe
du christianisme, le pouvoir impérial n'a pas à intervenir dans la fondation des établissements religieux, mais,
ce sont là des exceptions justifiées par le peu d'importance de l'association ou par la faveur spéciale dont
elle jouit.

La naissance d'une association dépend désormais,
en règle générale, de la libre volonté du pouvoir suprême, mais ce n'est pas que le pouvoir considérât
comme un attribut de la souveraineté la faculté de
créer un être capable de droits, la raison véritable en
est simplement que si l'individualité juridique était une
qualité de tout collège, aucun collège ne pouvait se
constituer sans l'autorisation de la Loi.

Mais, par le seul fait de cette autorisation, toute association devient personne morale et comme telle sujet
de droit : elle devient capable de posséder et d'acquérir
et de régler à son gré le mode d'administration de son
patrimoine « *Personæ vice fungitur* », nous dit le
Digeste, elle a en sa qualité de personne généralement
la même capacité civile que les personnes physiques.
Même les droits qui se rattachent aux rapports de famille ne lui sont pas absolument étrangers : c'est ainsi

que les associations conservent les *jura patronatus* sur les esclaves qu'elles affranchissent.

Leur capacité s'étend-elle au domaine du délit? Il n'est pas douteux qu'un collège, une *universitas* légalement constituée peuvent devenir créanciers par suite de délits commis envers eux, comme en vertu de contrats passés en leurs noms. Il est même possible qu'à l'origine les corporations aient pu être à Rome, comme la *gens* elle-même, l'objet de condamnations pénales. Mais nous ne possédons aucune loi permettant d'affirmer l'existence d'une telle responsabilité. La *lex Gabinia,* qui n'est connue que par le rhéteur Porcius Latro (1), et dont l'objet était de prescrire les réunions clandestines, n'établit de pénalité que contre le promoteur de telles assemblées. Elle semble ainsi marquer que dès cette époque il était question de responsabilité individuelle, et non de responsabilité d'un groupe entier. Si le Sénat abolit les collèges, c'est en qualité de pouvoir administratif et non comme véritable juge.

Lorsque le droit de former une association est devenu une faveur du pouvoir, la notion du *collegium* s'est complètement modifiée. Ce n'est plus alors un simple groupement d'individus réunis seulement pour des

---

(1) Porcius Latro, Décl. in Catilinam, 19 : « primum XII Tab. cautum esse cognoscimus, ne qui in urbe cœtus nocturnos agitaret, deinde lege Gabinia promulgatum, qui coitiones ullas clandestinas in urbe conflaverit, more majorum capitali supplicio mulctetur. »

intérêts ou une caisse commune, c'est une véritable personne (1) distincte des membres qui les composent, mais personne fictive, créée uniquement pour les besoins du droit, et dans la mesure où son existence est nécessaire.

Cette personne juridique est considérée comme incapable d'agir elle-même (2), car tout acte suppose l'exercice de la pensée et de la volonté ; elle est considérée comme dépourvue de raison et de liberté, éléments essentiels de la responsabilité. Sans doute, des individus peuvent vouloir et agir à sa place : Scœvola nous dit même que la volonté de la majorité peut alors être considérée comme la volonté de tous les membres de la collectivité « quod major pars curiœ efficit pro eo habetur ac si omnes egerint », mais cela n'est vrai que sous certaines réserves. Les agents l'*universitas* n'ont en cette qualité qu'une capacité relative, ils n'ont d'autre pouvoir que celui de faire participer la personne juridique aux biens. S'ils commettent un délit même au nom et au profit de la collectivité qu'ils représentent,

____

(1) Il semble que les associations antérieures n'étaient pas dotées d'une véritable personnalité civile. C'est du moins l'opinion de Waltzing. (Les corporations chez les Romains) et de Mommsen : *De Collegiis.*

(2) Ulpien nous dit en effet *l'Universitas* est, par elle-même, incapable de posséder (l. 1, § 15, D. 36, 1). Il ajoute (l. 2, D. 41, 2) : « Sed hoc jure utimur ut et possidere et usucapere municipes possint, idque iis par servum et par ciberas personas adquiratur », mais une telle représentation ne s'étend pas aux délits.

ils sortent de leur sphère d'action et c'est individuellement qu'ils tombent sous le coup de la répression pénale. La personne elle-même échappe à toute pénalité. Il y a bien contre elle la dissolution dont le pouvoir usait largement dès la fin de la République. Les *soladitates*, simples associations d'amis au début, sont aussi dissoutes lorsqu'elles sont devenues des centres de factions politiques. César et après lui Auguste suppriment ainsi tous les collèges qui ne présentent aucune utilité publique, et les empereurs usent fréquemment de ce droit. Déjà auparavant, les désordres causés par l'association des *Bacchanales* avaient provoqué des mesures identiques.

Mais cette dissolution n'est pas une véritable pénalité, c'est plutôt un acte politique, une mesure de sécurité prise par le pouvoir qui se réserve toujours le droit de supprimer l'association qu'il a autorisée à se former. S'il y a des peines encourues, elles ne le sont que par les individus et non par la collectivité, et l'on ne frappe pas plus le collège à raison des délits commis par ses représentants que l'on ne condamne le pupille à raison des faits imputables à son tuteur. Les dispositions pénales destinées à empêcher la reconstitution d'une association dissoute sont également établies contre les individus. La loi pénale est inapplicable au corps lui-même, être fictif et irresponsable, ainsi que le prouve une Constitution de l'Empereur Majorien (1).

(1) Rapportée par Hugo, *Jus civile antejustinianeum*, p. 1386,

On ne saurait prononcer contre une collectivité une peine même pécuniaire payable sur la caisse commune, car on ne pourrait le faire sans atteindre des membres innocents.

De même en présence d'un collège illicite, dont l'existence est par elle-même un délit, il n'est question que de pénalités individuelles.

La dissolution encourue par le collège déclaré illicite non parce qu'il est devenu dangereux, mais parce qu'il s'est formé sans demander l'autorisation du prince ou du Sénat, apparaît alors comme un simple acte administratif. Il n'y a pas de peine prononcée, on ne confisque même pas la caisse commune ; Marcien nous dit en effet qu'elle se partage entre les membres (1) du groupe dispersé.

Il en est de même de la dissolution frappant le college qui, autorisé ou non, a pris un caractère dangereux. Mais, ici, à la dissolution, s'ajoute une véritable peine contre les individus. Ils sont, d'après Ulpien, (2) punis comme coupables de lèse majesté. Paul (3) nous apprend

---

§ 11 : « Nunquam curiæ a provinciarum rectoribus generali condemnatione mulctentur, cum utique hoc suadeat et regula juris antiqui, ut noxa tantum caput sequatur, ne propter unius fortasse delictum alii dispendiis affligantur. »

(1) D. 47, 22, 3.

(2) D. 47, 22, 2.

(3) Paul Sent, V, 29, 1 et 2. « His antea in perpetuum aqua et igni interdicebatur, nunc vero humiliores bestiis objiciuntur vel viir exceruntur, honestiores capite puniuntur.... Et ideo cum de es quæritur, nulla dignitas a tormentes excipitur. »

qu'ils peuvent être mis à la torture, mais il ne sont pas tous indistinctement condamnés en leur seule qualité de membres du groupe illicite, car la peine capitale est réservée aux fondateurs du collège, ou à ceux qui s'en servaient dans un but coupable, aux chefs seuls, et ne s'étend pas à tous les affiliés (1). Ceux-ci encourent une punition moindre ou même restent impunis. Nous sommes ainsi en présence de culpabilités individuelles, et non d'une culpabilité collective de groupe.

Les exemples d'irresponsabilité délictuelle des personnes juridiques que nous trouvons chez les jurisconsultes romains se réfèrent à des collectivités que Savigny range dans la classe des personnes juridiques naturelles et nécessaires, telles que l'État, la cité, le municipe, mais les dispositions législatives qui les concernent doivent être étendues aux collectivités dont la formation est le fruit de l'initiative individuelle, car elles ont toutes la même nature.

C'est en effet la cité qui semble avoir servi de modèle à la constitution des collèges et la législation impériale n'a fait qu'étendre aux associations les droits qu'elle accordait nécessairement au municipe.

« Dans le collège comme dans le municipe, dit M. Vauthier, nous voyons l'idée de l'Être distinct se

______

(1) C'est du moins l'avis de Mommsen, *De collegiis*, p. 127, et de Waltzing, op. cité, p. 137, t. 1. — Cohn admet au contraire que la peine s'applique indistinctement à tous les membres des collèges dangereux.

« dégager d'un groupe matériel, d'une réunion d'indi-
« vidus : la volonté commune, formellement exprimée
« confère à ce groupe l'unité nécessaire. L'analogie se
« reproduit en toute occasion (1). »

L'une et l'autre de ces deux institutions n'ont d'existence légale qu'en vertu d'un sénatus-consulte ou d'une
constitution impériale : l'une et l'autre sont comprises
dans le même terme : *universitas*. Aussi, la maxime
universitas delinquere non videtur est-elle applicable
au collège aussi bien qu'au municipe.

Divers extraits d'Ulpien nous représentent le municipe comme incapable de commettre un dol. Sans doute,
il peut être l'objet d'une poursuite à raison d'un délit
de l'un de ses agents mais l'action qui sera intentée
contre lui n'aura rien de pénal, ce sera une action *rei
non jam pœnæ persecutoria* et elle sera subordonnée
à l'enrichissement de la collectivité. L'action de dol ne
peut être intentée contre une universitas, parce que le
délit lui demeure étranger, elle ne devra être dirigée
que contre ses représentants individuellement coupables : *de dolo autem decurionum in ipsos decurianes dabitur de dolo actio* (2).

---

(1) Vauthier, *Étude sur les personnes morales*, p. 42.

(2) « Sed an in municipes de dolo detur actio dubitatur. Et puto,
ex suo quidem dolo non posse dari, quid eum municipes dolo facere
possunt ?... Sed si quid ad eos pervenit dolo errum qui res eorum
administrantur, puto dandum. De dolo autem decurionum in ipsos
decurianes dabitur de dolo actio. » (Ulp., liv. 11, ad. Ed. ; Loi 15,
§ 1. D. 4, 3).

De même l'interdit ne peut être délivré contre un municipe, à raison des violences de l'un de ses agents, que si le municipe en a tiré quelque profit.

Ulpien tranche, dans le même sens, la question de savoir s'il est possible à un envoyé en possession d'actionner le municipe, à cause de la résistance de son représentant (1). C'est, ici encore, le représentant lui-même qui doit être poursuivi, sa résistance n'engage pas plus la responsabilité du municipe que la résistance d'un tuteur ou d'un mandataire n'oblige le pupille ou le mandant.

Toutefois, cela n'empêche pas la personne morale elle-même d'encourir, comme l'individu, les responsabilités qui sont une conséquence directe de la propriété : c'est ainsi qu'elle demeure soumise aux actions noxales à raison de délits commis par ses esclaves ou de dégâts causés par les animaux qui lui appartiennent, car il n'y a pas à rechercher ici la volonté délictuelle, mais à considérer seulement le dommage injustement causé (2).

On trouve dans l'histoire de Rome de nombreux

____

(1) « Si vi me dejecerit quis nomine municipum, in municipes mihi interdictum reddendum Pompenius scribit, si quid ad eos pervenerit. » (Ulp. l. XI, ad Ed. Loi 4 D. 43, 16).

(2) « Si quis missum in possessionem, cum esset in aliena potestate, non admiserit : plerique putant noxalem actionem eo nomine competere. 1er §, Quid deinde, si procuratur prohibuerit?... Sed verius est et in ipsum dandam. 2e §, Sed et in actore municipium tutore cœterisque qui pro aliis interveniunt, idem erit dicendum. » (Ulp. l. 53, ad. Ed. l. 13, D. 39, 11).

exemples de pénalités infligées à des villes entières, et l'on cite d'ordinaire l'exemple de Capoue (1), dévastée pour s'être rendue à Annibal. Mais les faits de ce genre nous semblent avoir été fondés, non pas sur des motifs juridiques, mais sur des causes politiques, relevant du droit de guerre et non du droit privé, ainsi que l'indiquent les causes de tels châtiments et les circonstances dans lesquelles ils étaient encourus.

On invoque aussi, pour établir l'existence de la responsabilité délectuelle de l'*universitas* en droit romain un extrait d'Ulpien lui-même, la loi 9, § 1 et 3, D. 4, 2, où cet auteur admet que l'*actio quod metus causa* peut être donnée contre un groupe.

Nous répondons, avec Savigny, que ce texte n'indique pas un changement de doctrine chez Ulpien, car l'*actio quod metus causa* était accordée à la victime, non seulement contre l'auteur de la violence, mais aussi contre celui qui en avait tiré profit, à l'effet d'obtenir réparation du préjudice éprouvé.

Responsabilité collective en droit germanique.

La responsabilité collective, trait commun de toutes les sociétés naissantes, se retrouve dans le monde ger-

(1) Tite-Live, XXVI, 16.

manique. L'idée de communauté joue un rôle prépondérant dans cette organisation primitive. Tacite nous rapporte que c'est entre les familles et non entre les individus que se partagent les terres de la cité.

La corporation allemande, issue de relations de parenté ou de relations territoriales est tout à fait différente de l'universitas romaine, être fictif, arbitrairement créé par le législateur pour les besoins du Droit (1). Le droit germanique considère indifféremment comme véritables sujets de droit les corporations et les individus, il leur attribue la même réalité. Il n'y a pas dans ce Droit de terme spécial pour désigner l'être collectif : d'ailleurs, un terme spécial n'aurait pas eu de raison d'être puisqu'il n'y a pas de différence de nature entre les corporations et les individus. On peut aussi dire que la corporation est alors considérée comme occupant la première place dans le domaine des relations sociales, car l'individu n'est rien par lui-même, il n'a guère d'importance qu'autant qu'il se rattache à une communauté.

Lorsque les jurisconsultes, pour désigner l'être collectif, lui ont appliqué l'expression romaine d'*universitas*, ils n'ont pas pour cela modifié sa nature. C'est la collectivité elle-même, et non les individus qui la composent, qui est le vrai titulaire des droits. Mais ces droits ne sont pas restreints, comme à Rome, à ce qui

(1) Gierke, *Das Genossenschaftrecht*, t. 2, p. 26 et suiv.

concerne la propriété ; l'être juridique est ici doué d'une
volonté propre et d'une activité qui peut se réaliser
aussi librement et dans un domaine aussi large que
peut le faire à notre époque l'activité d'un individu. Sa
capacité dépasse même celle de l'individu, car elle s'é-
tend au droit public aussi bien qu'au droit privé.

L'État n'existe pas alors ou il est peu développé, et
il n'y a guère d'autre organisme social que le clan familial. Le groupe entier peut demander raison du dommage délictuellement causé à l'un de ses membres ; en
l'absence d'un pouvoir supérieur, il doit faire respecter
les individualités qui se rattachent à lui. De même, il
est responsable des crimes ou délits que ces individus
viennent à commettre. Tout délit donne ouverture à la
guerre privée de famille à famille.

Lorsqu'à la vengeance privée succède la composition
pécuniaire, l'obligation de payer le prix du sang pèse
sur toute la famille et se partage entre les membres du
groupe offensé. Le « vergeld » est comme la rançon
d'un clan à un autre clan, dit M. Saleilles (1), et non le
rachat de la vengeance individuelle ; la peine a une
fonction sociale beaucoup plus qu'individuelle, c'est
un pacte entre deux clans rivaux, une véritable tran-
saction de guerre.

La responsabilité collective survit au motif qui l'avait
fait naître, lorsque les clans se réunissent en tribus,

____

(1) Saleilles, *Individualisation de la peine.* p. 25.

lorsqu'apparaît l'idée d'un pouvoir supérieur aux petits groupes primitifs, de l'Etat. — Car l'Etat naissant est incapable d'assurer à l'individu le respect de ses droits, aussi les individus continuent-ils à se grouper afin de se fournir une protection mutuelle. L'Etat, dans les sociétés primitives n'est d'ailleurs pas jaloux, ni exclusif, il permet l'association libre. A côté de l'union naturelle de famille et de tribu, on voit apparaître le libre groupement de guerriers autour d'un chef. Ils doivent à celui-ci un dévouement complet, et en retour le chef leur assure aide et protection. C'est alors entre les « comitatus » que se règlent tous les délits commis par leurs membres, comme jadis ils se réglaient entre les clans familiaux.

Jusqu'ici l'Etat se contente de jouer un rôle passif dans la constitution des groupes responsables, il n'intervient pas dans leur formation. Il n'en est plus de même après les invasions, quand des royaumes barbares se sont formés sur les ruines du monde romain. Le pouvoir, incapable à ces époques troublées, de réprimer lui-même les délits individuels et d'assurer l'ordre et la paix dans les états en formation, créé des communautés responsables des méfaits de leurs membres; voulant restreindre le délit, il étend la responsabilité. C'est ainsi qu'en 595 nous voyons Clotaire II former toutes les familles en centuries et en décuries responsables des vols commis sur leur territoire.

Justification de la responsabilité collective par la nature même de la peine en droit germanique.

Nous avons vu que le droit germanique nétablissait aucune distinction de nature entre les différents sujets de droit et qu'il assimilait la capacité de la collectivité à la capacité de l'individu. Mais il nous semble que la responsabilité délictuelle des groupes peut s'expliquer sans invoquer la notion de la réalité de l'être collectif, par la nature même du droit pénal germanique.

On remarque en effet que l'idée de responsabilté au sens moderne du mot est étrangère à ce droit primitif. C'est, dit M. Saleilles, un droit pénal exclusif de l'idée de faute. Pour apprécier la gravité d'un crime, on ne s'attache pas à l'intention, comme à Rome, mais uniquement aux suites dommageables qu'il a pu causer (1). Aussi, le point de vue pénal et le point de vue civil, la peine et la réparation se trouvent-ils confondus. Le « vergeld », destiné à arrêter la vengeance privée, est moins une peine qu'une compensation. Sans doute il n'est pas l'équivalent exact du mâl causé, il est souvent supérieur au dommage, surtout lorsqu'il a cessé d'être conventionnel, facultatif pour devenir légal et obligatoire, et qu'on y a ajouté une certaine amende, le

____

(1) Garraud. *Droit pénal français.*

« fredum » payé au Roi. Mais il a toujours été proportionné beaucoup moins au degré de culpabilité de l'individu qu'au ressentiment de la victime ou des siens. Du reste, l'auteur du délit, qu'il ait agi volontairement ou non, qu'il soit sain d'esprit ou dément, demeure toujours tenu d'arrêter la vengeance de l'offensé. L'idée de pénalité est indépendante de l'idée de culpabilité morale, la notion du crime n'existe même pas, suivant l'opinion de M. Saleilles (1), le meurtre en particulier est à cet époque un fait normal, justifié par l'état de guerre et de pillage continuels. Il n'a même rien de déshonorant. Sans doute, il est sanctionné par le vergeld, mais ce n'est là qu'un prix d'une rixe, fixé d'avance à forfait et qui peut être réclamé par toute une famille, parce que toutes les dettes comme les biens sont communes entre les membres d'une même famille.

Cette confusion de la peine et de la réparation, introduite par les barbares, a subsisté longtemps dans notre Droit. On la rencontre même au XIIIe siècle chez Beaumanoir (2). La distinction apparaît bien plus ou moins confuse dans quelques coutumes de cette époque, sous l'influence du droit romain, mais il faut aller jusqu'aux

(1) M. Saleilles, *Individualisation de la peine, Histoire de la peine.*

(2) Ch. 30, n° 18 : Qui navre autrui ou affole, il lui doit rendre ses damaces, c'est à entendre le coût des mières et les despens du blecié et restorer ses jornées selon le mestier dont il est. Et s'il y a mehaing, on doit regarder la matière du mehaing et l'état de la personne qui est mehaingnée.

chartes du XIII° siècle à la *Somme rurale* de Bouteiller, au coutumier de Charles VI pour voir ces deux notions complètement indépendantes. Jusqu'à cette époque, la gravité du délit continue à se mesurer aux conséquences préjudiciables qu'il entraîne pour la victime, beaucoup plus qu'à l'intention du coupable. Il s'agit toujours de contraindre à réparer, plutôt que de punir. Aussi la répression qui atteint le groupe, à l'occasion de la faute de l'un de ses membres, ne saurait-elle alors blesser l'idée de justice comme il eût pu arriver si elle était apparue avec le caractère de pure sanction pénale.

Il était même nécessaire, pour qu'elle fût efficace, que la peine obligeât toute la collectivité, car les biens étant la propriété des groupes, des familles et non des individus, il eût été illusoire de vouloir contraindre le seul individu coupable à la réparation (1).

(1) C'est encore un des motifs invoqué de nos jours à l'appui du maintien de la responsabilité pénale des douars en Algérie et en Tunisie, en cas d'incendie de forêts, la propriété arabe étant demeurée collective, il serait impossible d'obliger efficacement l'individu à réparer le mal causé.

Responsabilité pénale des communautés dans l'ancien droit.

1° AU MOYEN-AGE.

Toute la doctrine de l'ancien droit, relative à la capacité délictuelle des communautés se trouve résumée dans ces deux phrases, empruntées au juriste consulte Prosper Farinaccius (1) : « Quod universitas delinquat per suos rectores et gubernatores negari non potest. Et ex ratione hodie universitates propter earum delicta sæpenumero puniri absque controversia videmus conservatum. » Le Moyen-Age qui l'avait reçue du droit germanique, en a fait un principe, non seulement du droit séculier, mais du droit canonique lui-même, bien que celui-ci manifestât la prétention de rechercher l'intention coupable et d'apprécier la gravité du délit en mesurant la faute elle-même, le péché.

Il y a bien, dès le Moyen-Age, quelques tentatives pour restreindre la capacité délictuelle à l'homme seul mais elles ne peuvent modifier l'opinion dominante, issue du droit germanique, de la responsabilité de l'être collectif. Toute association ou communauté, séculière

(1) Prosper Farinaccius, *Præxis et theoria criminalis*, 1597,

ou religieuse, de droit public ou de droit privé, est considérée, pendant tout le cours de l'ancien droit, comme pouvant être l'objet de poursuites pénales. Mais c'est le Moyen-Age qui nous fournit le plus d'exemples de pénalités frappants des groupes entiers, car à cette époque tout est association. L'individu, pour faire respecter ses droits, doit nécessairement se rattacher à une collectivité qui le protège et réponde de ses actes, il disparaît dans la multitude des corporations. Les hommes libres se groupent autour du plus plus puissant qui leur promet aide et protection en échange de leur foi et hommage. Le bourgeois, l'artisan, n'étant rien par eux-mêmes, se rattachent à une compagnie qui leur prête sa force et ses droits. Les communautés religieuses donnent asile aux âmes paisibles qui recherchent la paix, elles leur assurent la tranquillité au prix de leur personnalité même, puisqu'ici les membres doivent à la communauté une obéissance absolue et deviennent « comme des cadavres » entre ses mains : il n'y a plus d'autre personnalité que celle du groupe, seul vivant, et par suite responsable.

Les communautés taisibles servent également de base, pendant tout le cours du Moyen-Age, à une responsabilité pénale collective. Le chef de famille répond de tous les individus vivant « au même pain et pot », il est responsable des « méfaits de toute sa mémie ».

Pendant toute la période qui s'étend des invasions à la fin du XIIe siècle, la notion romaine de la personnalité fictive s'est effacée devant l'idée germanique de l'être collectif réel et responsable. Après la Renaissance du droit romain, au XII⁰ siècle, dans les écoles d'Italie, la maxime « universitas delinquere non videtur » demeure lettre morte, la jurisprudence continue à se conformer à la coutume germanique, et la pratique judiciaire nous offre tout un attirail de peines destinées à frapper la communauté.

C'est que les glossateurs et les post glossateurs qui, du XII⁰ au XVI⁰ siècle, commentent le *Corpus juris civilis*, au lieu de remonter aux sources du droit sont uniquement préoccupés de mettre les dispositions de cet ouvrage en harmonie avec la coutume existante.

Théorie des Glossateurs.

Les glossateurs admettent sans restriction qu'une *universitas*, une commune, une église, en un mot tout ensemble d'individus formant corps, relevant du droit public ou du droit privé, est capable d'être sujet actif d'un délit. Ils considèrent comme délit collectif non seulement les actes illicites émanant de l'ensemble du groupe, mais même l'acte accompli isolément par l'un de ses membres. Cela paraît tout naturel à une époque où l'individu n'est rien par lui-même, où les corporations ont sur les individus qui les composent un pouvoir vraiment souverain, de beaucoup supérieur à celui que l'État s'attribue de nos jours sur les citoyens. La collectivité se trouve délictuellement obligée à la fois par la décision prise en assemblée générale et par l'emploi coupable que ses agents font de leur pouvoir, et par la faute d'un individu qui la commet sans mandat. Cela résulte de la nature même du lien social qui unit tout le groupe : les volontés individuelles se sont en quelque sorte fondues en une volonté commune qui préside aux actes, même isolés, des membres (1).

Telle est la doctrine dans sa forme absolue. Mais, cette idée que le crime d'un seul peut être considéré comme le crime de tous, s'est insensiblement modifiée, on en est venu peu à peu à ne considérer *l'universitas* comme délinquante que si l'acte incriminé était issu d'une délibération régulière. Mais, il n'est pas nécessaire pour cela que la décision ait été prise à l'unanimité, l'avis de la majorité, et même la volonté du corps chargé d'administrer suffit pour obliger la communauté. On alla plus loin et l'on en vint à décider qu'il n'était pas plus légitime d'imputer à une association les actes de ses agents qu'il ne serait juste d'attribuer au pupille les actes de son tuteur, mais on continuait à la tenir responsable des actes qu'elle avait elle-même proposés ou dont elle avait ratifié l'exécution (2).

____

(1) « La corporation n'est pas seulement une main mise sur un patrimoine à part qui lui soit affecté; c'est une absorption des individualités vivantes dans une entête organisée qui les représente. » Salleilles, *Annales, droit commercial*, 1895, p. 65.

(2) La règle « delictum prelati non nocet ecclessiae » ne s'appliquait

C'est ainsi que la nation romaine modifia lentement
et insensiblement l'idée germanique. C'est principale-
ment chez les canonistes que ce résultat apparaît nettement. Au cours du XIIIe siècle le pape Innocent IV
qui avait étudié le droit romain à Bologne, remet en
honneur l'idée romaine de l'incapacité délictuelle de
l'*universitas*. Selon lui, une *universitas* ne saurait
être accusée de dol car ce n'est à ses yeux qu'un être
fictif, un *nomen juris,* ce n'est pas une personne réelle.
Elle ne saurait encourir l'excommunication car seule,
une personne réelle est capable de commettre une faute
qui puisse entraîner une telle peine (1).

Au concile de Lyon, en 1245 il rendait la décision
suivante : « Nous défendons expressément de porter
« aucune sentence d'excommunication contre une *uni-*
« *versitas* ou un collège, voulant éviter le péril qui en
« suivrait pour les âmes, puisqu'il pourrait arriver que
« l'excommunication atteignit des innocents, nous vou-
« lons par conséquent que la sentence ne soit pronon-
« cée que contre ceux des membres de la corporation
« ou de l'*universitas* qui sont vraiment coupables. »

Mais, ce retour à la doctrine romaine fut de courte

qu'à l'acte isolé d'un clerc ou d'un prélat, elle n'était plus vraie lorsqu'il
s'agissait d'un acte de la communauté prise dans son ensemble. Elle
comportait d'ailleurs des exceptions. Ainsi le crime de félonie du
prélat d'un église vassale était crime de l'église même.

(1) « Universitas non potest excomunicari quia impossibile est quod
universitas delinquat, quia universitas, sicut est capitolum, populus,
gens et hujus modi nomina sunt juris et non personarum. »

durée, les canonistes revinrent bien vite à l'ancienne règle germanique, l'œuvre de Innocent IV fut annulée par Boniface VIII, qui rendait de nouveau la peine de l'excommunication applicable aux personnes juridiques (1).

Cependant, la législation impériale continuait à appliquer la pure doctrine germanique. Une constitution de l'Empereur Frédéric II de 1235 insérée par les glossateurs dans le Code de Justinien à la suite de la Loi 13, l. 1, t. 3, ayant pour but d'assurer la tranquillité de tous, édicte des peines contre les auteurs de troubles. Si c'est une ville qui a causé le trouble, elle paiera une amende de cent livres d'or. Si c'est un simple bourg, il ne paiera que trente livres (2). Deux autres constitutions (3) impériales prononcent contre les

(1) « Qui vero castra fecerint si personæ fuerint singulares excommunicationis, si autem collegium, vel universitas, civitatis, castra seu loci alterius cujuscumque, ipsa civitas, castrum vel locus interdicti sententias ipso facto incurrant, nec ab excommunicatione hujus modi absolutionem vel interdicti relaxationem obtineant, donec exacta plenarie restituerint et de transgressione satisfecerint competenter. »

(2) *Perts-Monumenta*, t. IV, p. 317.

(3) Nov. Const. Frideric. Cod. 1, 3 : « Item nulla communitas vel persona publica vel privata collectas vel exactiones, angarias vel parangarias ecclesiis vel aliis piis locis aut ecclesiasticis personis imponere, aut invadere ecclesiastica bona praesumant. Quod si fecerint, et requisiti ab ecclesia vel imperio, emendare cautemserint, triplum refundant, et nihilo minus banno imperiali subjaceant. »

Constitutio pacis Frederic II (1235) : « Nulla civitas vel oppidum communes des pénalités analogues, la destruction de leurs murs ou même le bannissement.

De même, le Miroir de Saxe condamnait toute communauté de paysans qui avait empiété sur le territoire de la communauté voisine, non seulement à réparer le dommage qu'elle lui avait ainsi causé, mais à lui payer en outre une véritable amende (1) (*Sachsenspiegel*, III, 86, § 2).

Théorie des Post glossateurs.

Le droit canonique, tout en niant l'existence de l'âme collective et en déclarant que l'universitas n'est qu'un *nomen intellectuale*, une *res incorporalis*, continuait cependant à attribuer à cette entité juridique une capacité s'étendant même aux délits. Les post-glossateurs, du XIII et XVIᵉ siècle, agissaient de même : ils admettent bien l'idée romaine que l'universitas est un être fictif, sans existence réelle, *quia proprie non est persona* (Bartole), mais ils décident avec Oldradus qu'on peut lui attribuer la capacité d'agir aussi bien que la personnalité.

proscriptum teneat scienter... si civitas eum communiter scienter tenuerit, si est murata, murum ejus judex terræ destruet... Si civitas se opposuerit, tam civitas, quam homines, qui se opponient, cadant ab omni jure. »

(1) Le chef de la communauté paye l'amende au nom de tous, mais chacun des membres du groupe coupable doit lui rembourser sa quote part dans l'amende *(Gierke das deutsche Genos*, t. 2, p. 584).

Bartole (1314-1357) commentant la loi 16 du *digeste*, *de pœnis*, livre 48, titre 18, se demande s'il est possible d'imputer une faute à un simple *nomen juris*. Il admet l'affirmative, car l'idée de capacité délictuelle lui lui paraît inséparable de l'idée de personnalité.

Il en est de même de tous les juristes de cette période. Cette doctrine est encore défendue, deux siècles plus tard, par des criminalistes tels que Bossius, Julius Clarus et par Farinaccius au début du XVIIe siècle (1).

Leurs idées en cette matière ne diffèrent pas sensiblement de celles des criminalistes antérieurs. S'ils n'admettent plus, comme l'avait fait Odofredus (2), que le délit des administrateurs peut être considéré comme celui du groupe entier, ils reconnaissent cependant, après Gaudino (3), qu'il faut ranger les universitates parmi les personnes contre lesquels le bannissement peut être prononcé. Ce n'est du reste pas la seule peine, à leur avis, que puisse en écrire un tel délinquant, ils considèrent que toute peine qui n'est pas incompatible avec la nature même d'un tel délinquant doit lui être appliquée.

(1) Agidius-Bossius, mort en 1645. — Prosper Farinaceius, mort en 1613. — J. Clarus, † 1575.

(2) Odofredus, † 1265, l. 15, § 1, D. 4, 3 : « Uuiversitas potest delinquere per eos per quos regitur. »

(3) Albert de Gaudino, † vers 1300 : *De maleficiis sive de homicida*, n°s 14 et 16. — Cité par J. Clarus, dans *Opera omnia Lugduni*, liv. V, quœstis 16.

Il faut peut-être aller jusqu'à Damhouder (1) pour trouver, parmi les criminalistes de l'ancien droit, un adversaire de cette école, dont Bartole peut être considéré comme le véritable chef, car c'est lui qui a le mieux étudié la question de la nature et de la responsabilité pénale des groupes et qui a fondé la doctrine la plus précise en cette matière. Nous nous attacherons particulièrement à l'examen de ses idées.

Ce criminaliste (2) remarque d'abord que la capacité délictuelle de l'universitas n'est pas absolument identique à celle des individus, car, s'il est des crimes que seul l'individu peut commettre, il en est d'autres dont une communauté peut seule être l'auteur. Presque tous les délits que peut commettre un individu sont à la portée de la collectivité, bien qu'ils n'aient aucun rapport avec sa nature d'être collectif, et le nombre de ceux qui lui sont absolument inaccessibles comme le viol, la bigamie est excessivement restreint. Hors ces cas exceptionnels, il suffit en général qu'ils aient été exécutés par les administrateurs, les agents ou de simples membres de la communauté pour que celle-ci puisse en être pénalement tenue. Sa capacité délictuelle est même plus étendue que celle de l'individu, car elle dispose de

(1) Damhouder, † 1581, *Praxis rerum criminalium*, ch. XXIV, n° 2.

(2) Bart., l. 16, § 10, D. 48, 19.

moyens d'action plus puissants et plus variés. En effet toute communauté devant exercer son activité dans un domaine nettement déterminé, dès qu'elle dépasse ces limites légales elle devient délinquante. C'est ce qui arrive lorsque, ayant le droit de justice, elle l'exerce en dehors de sa juridiction, lorsqu'elle prélève des droits qui ne lui sont pas dûs, lorsqu'elle fait des règlements qui excèdent ses pouvoirs, ou qu'elle se rend coupable de déni de justice.

Ces derniers délits sont même les seuls que l'on doive en réalité, considérer, comme délits collectifs, dont l'universitas puisse être regardée comme le véritable auteur. Ce sont, avec les délits d'omission, les seuls qu'elle peut commettre « proprie » parce qu'ils supposent essentiellement l'existence d'une capacité qui n'appartient qu'au groupe. Toutes les autres infractions sans rapport avec la capacité propre de l'universitas « quae non respiciunt jura residentia apud universitatem », n'ont pas, à proprement parler le caractère de délits collectifs. Aussi le vol commis par l'un de ses agents même à l'instigation du groupe, n'est-il qu'improprement « improprie » considérée comme délit de l'universitas elle-même. Toutefois cela ne l'empêche pas d'engager sa responsabilité (1).

Les post glossateurs, comme les criminalistes des deux siècles précédents, avaient essayé de déterminer

______

(1) Gierke, *Das deutsche Genossenschaftrecht*, t. 3, p. 403.

les conditions nécessaires pour qu'une collectivité puisse se voir imputer un délit. Ils admettaient, en général, que la minorité était obligée, même délictuellement, par l'avis de la majorité et que, pour qu'une universitas échappât à toute responsabilité à raison des actes de ses agents, il était nécessaire qu'elle les eût expressément désavoués, sinon elle en était délictuellement tenue (1).

On admettait aussi qu'en présence d'un délit commis par une communauté il fallait suivre une procédure analogue et appliquer autant que possible une peine identique à celle qui dans le même cas aurait été employée contre un simple individu. Si la peine ne pouvait par sa nature même atteindre l'association en tant qu'être collectif, elle frappait individuellement chacun de ses membres. Julius Clarus (2) nous rapporte de ce fait un exemple curieux : Des moines de Vérone de l'ordre de Saint-François avaient assassiné dans leur couvent un habitant de Crémone. Le préteur de Vérone, saisi de l'affaire, instrumenta contre le couvent lui-même. Tous les moines furent pendus par le jardinier qui, moins coupable que ses frères, fut chargé, en guise de peine, de l'exécution.

(1) Oldradus, † 1335, Consilia, 66.

(2) J. Clarus, op. cit. « Et ita servavit quidam prætor Veronæ, qui processit contra conventum et fratres Sancti Francisci, ex eo quod interfecissent quemdum Cremonensem, qui apud eos hospitatus fuerat, et fecit ipsos omnes, qui erant ultra numerum quinquagenta suspendi per eorum hortulanum, qui erat minus gravatus. »

On commençait à trouver que c'était là pousser un peu loin le sentiment de la solidarité dans la faute, et on se demandait, sous l'influence du droit canon, s'il ne serait pas possible, tout en condamnant le corps lui-même, d'apprécier la culpabilité individuelle de chacun de ses membres.

Bartole est d'avis qu'un tel examen des responsabilités ne peut pas être une règle générale s'appliquant à toute espèce de crimes : aussi établit-il une distinction. D'après lui, il faut mettre à part ces délits à raison desquels le fils innocent se voit frapper par la faute du père, *in quibus filius punitur propter patrem*, comme il arrive en cas de crimes de haute trahison ou d'hérésie. Si une communauté vient à commettre un tel délit, tous ses membres seront légitimement condamnés à la peine capitale, et l'on ne saurait invoquer ici l'excuse de l'innocence, car nous sommes en présence d'un d'un de ces crimes, *ubi possunt puniri parvuli propter majores*. Il faut remarquer du reste que l'application de la peine capitale à tous les membres d'une association se fait de plus en plus rare et que la peine qui les frappera sera le plus souvent la suppression de leurs privilèges corporatifs, la destruction ou la confiscation de leurs immeubles : les membres seront dispersés, privés de tout droit de cité, ils seront partout considérés comme des vagabonds.

Sommes-nous, au contraire, en présence d'un délit dont la répression ne doit porter que sur le seul agent,

une sous-distinction s'impose. S'agit-il de l'un de ces
actes que l'on peut justement considérer comme le
fait propre de l'universitas elle-même, l'universitas doit
alors être seule punie, et dans l'application de la peine
il faut s'efforcer de n'atteindre qu'elle. Pour cela, on
confisquera l'un de ses biens, une *res universitatis*, la
caisse sociale sera frappée d'une amende et l'on tàchera
de n'y faire contribuer que les individus coupables, ce
qui, remarque Bartole, ne pourra se faire que dans les
communautés de peu d'importance.

S'agit-il au contraire d'un de ces crimes de droit
commun qui, comme le meurtre ou le vol ne peuvent
être imputés qu'improprement *(improprie)* à la communauté lorsqu'ils sont commis par l'un de ses membres, parce qu'ils n'ont aucun rapport avec le caractère
spécifique d'un tel sujet, l'universitas sera frappée de la
peine qui est la sanction ordinaire du crime commis,
pourvu toutefois que l'exécution en soit possible contre
elle. Sinon il faut la remplacer par une peine applicable à un tel délinquant (1). Il en est ainsi de la *pœna de-
capitationis*, car l'universitas n'a pas *caput verum,
sed fictum*.

La peine à laquelle on aura le plus souvent recours
en pareil cas sera une peine pécuniaire, car c'est elle
qui convient le mieux à un tel coupable et c'est celle

---

(1) « Si pœna potest in universitatem cadere universitas punitur
more privatorum. Si ne potest cadere, talis pœna, alterabitur pœna
in aliam. » (Bart., l. 27, § 2. D. 50, 4.)

aussi qui permet le mieux de n'atteindre que les membres responsables en épargnant ceux qui n'ont pris aucune part au crime (1). La dissolution de la communauté ne saurait atteindre ce but, car elle frapperait indistinctement tous les membres.

S'il faut que la peine frappe le vrai coupable, il est nécessaire aussi qu'elle ne punisse pas deux fois le même inculpé pour le même fait. C'était là un danger qui préoccupait fort les criminalistes du Moyen-Age, car la condamnation prononcée contre une communauté n'innocentait pas le membre par l'intermédiaire duquel elle avait délictuellement agi, mais il arrivait souvent à celui-ci d'être l'objet d'une double peine, car il était frappé à la fois comme membre de l'*universitas* coupable et comme auteur direct du fait incriminé. La sentence rendue contre l'*universitas* devait-elle arrêter toute poursuite contre l'individu ? Ici encore Bartole fait intervenir la distinction qu'il établit entre les délits propres à l'*universitas* et les délits communs à tous les sujets de droit, et qui ne sont imputables par l'*universitas* qu' « improprie ». S'agit-il d'un délit qui, en raison de sa nature même, est imputable à la communauté seule (2), elle sera poursuivie comme auteur

(1) « Licet superior totam universitatem condemnet, ut dixi, tamen illi qui non delinquerunt non debent contribuere in solutione collecta de jure. » (Bart., l. 27, § 2, D. L. 50, t. 1).

(2) Gail *(De pace publica* II, c. 9, n° 4-8) indique comme délit imputable « proprie » à l'*universitas* tout délit commis « convocata uni-

principal *(tanquam faciens)*, mais les individus pourront l'être en même temps comme instigateurs ou complices *(tanquam instigatores et fieri facientes)*.

S'agit-il, au contraire, d'un délit de la seconde nature, comme le meurtre ou le vol exécuté sur le conseil de l'*universitas* ou bien approuvé par elle, les rôles sont changés : l'individu sera poursuivi comme auteur principal, l'*universitas* comme complice *(tanquam fieri faciens vel tanquam ratum habens suo nomine)* (1).

Toute la procédure suivie contre une communauté délinquante est dirigée contre le syndic ou *procurator* habituel de la communauté ou contre le représentant spécialement désigné pour suivre le procès. A défaut de représentant institué, la citation doit être faite à l'*universitas* assemblée ou à ses administrateurs. Une citation publique par la voix du héraut, faite aux lieux où se réunit d'ordinaire la corporation, est même reconnue suffisante pour que l'action soit considérée comme régulièrement engagée et que la collectivité puisse être déclarée contumace.

Le procès engagé se poursuit régulièrement contre le syndic désigné à cet effet.

versitate per sonitum campanæ tubæ, vel alium modum consuetum deliberate, consulte et communicato consilio ». Ce n'est pas, à notre avis, le sens exact de la distinction de Bartole, qui semble s'attacher surtout à la nature du fait accompli.

(1) Bart., l. 16, § 10, D. 48, 19.

Quelques exemples de responsabilité pénale collective.

La vie politique du Moyen-Age a reposé en partie sur l'idée que les communautés d'ordre public ou privé doivent répondre, même pénalement, des actes de leurs membres. Toute collectivité, séculière ou religieuse, couvent ou corps de métier, est soumise à la loi pénale comme à la loi civile. Les communes elles-mêmes étaient souvent l'objet de poursuites pénales, donnant lieu à des arrêts du Parlement car la commune était alors, de l'avis même de Beaumanoir, une véritable association (1).

La commune et la corporation avaient en effet la même origine et la même raison d'être : elles avaient l'une et l'autre pour but d'assurer aux humbles les libertés les plus nécessaires, la sécurité dans le travail, et le commerce, une justice plus équitable. « Les communes dit M. Hubert Valleroux, ont été établies par l'association sous serment des bourgeois d'une ville qui obtenaient du seigneur une charte toute locale. Les corporations d'artisans ont été formées par la libre association des bourgeois d'un métier qui obtenaient un acte seigneurial, donnant force de loi à leurs conventions (2). » La commune, comme la corporation nous met

(1) Beaumanoir, chap. 21, § 26, 27, 28.
(2) Hubert Valleroux, *Les corporations d'arts et métiers,*

en présence d'une collection d'hommes étroitement liés, solidaires les uns des autres, jouissant de privilèges communs et tous obligés à l'accomplissement d'un même devoir.

Ayant même origine et même nature, elles ont même responsabilité. Les arrêts du Parlement nous offrent de nombreux exemples de retraits de privilèges et immunités prononcés contre une commune à titre de peine. La commune de Laon était ainsi frappée en 1284 « Attendu, dit l'arrêt que les citoyens de Laon, réunis en grand nombre, après avoir sonné la cloche de la commune, fermé les portes de la ville et fait des proclamations publiques, se sont rués en sacrilèges sur la mère église.... vu l'enquête sur ce fait, nous déclarons les susdits citoyens, maires, jurés, échevins et tous autres magistrats de la ville de Laon coupables des faits énumérés ci-dessus, et les privons, par le présent arrêt de tout droit de commune et de collège sous quelque nom que ce soit, leur ôtant à tout jamais et entièrement leurs cloches, sceau, coffre commun, charte, privilèges, tout état de justice, juridiction, jugement, échevinage, offices de jurés, et tous autres droits de commune (1), etc. »

Le procès intenté par Philippe le Bel en 1307 contre l'ordre des Templiers nous offre un exemple de poursuite pénale dirigée contre un corps religieux. Le

_____

(1) Ordonnances des rois de France, p. 493.

13 octobre 1307 tous les Templiers qui se trouvaient en France sont arrêtés sous prétexte d'hérésie, et un grand nombre périssent dans les flammes. Leurs biens sont confisqués. Le pape Clément V prononce en 1312 la suppression de l'Ordre.

Les corps de métiers sont généralement traités comme les communes au point de vue pénal, car le corps de métiers n'est qu'une association de tous les artisans de la même ville exerçant la même profession ; comme la commune, il a ses lois, ses privilèges, ses magistrats, ses revenus, et l'on a pu dire avec raison qu'il est lui-même une « commune au petit pied » (1). L'ordonnance du 27 janvier 1383, rendue par Charles VI, en même temps qu'elle détruisait la municipalité de Paris, cassait les maîtres de métiers, abolissait les confréries et retirait aux corps de métiers le droit de se réunir à l'église sans autorisation royale. Cette condamnation générale des corporations avait été provoquée par les troubles qui suivirent l'établissement de l'impôt du douzième denier sur les marchandises en 1382. Les corporations reparurent successivement. Mais en 1416, la corporation des bouchers de Paris est de nouveau supprimée à la suite des massacres odieux de l'écorcheur Caboche : les bâtiments qu'elle possédait sont démolis. Il est vrai que deux ans plus tard cette corporation était de nouveau rétablie avec ses droits et privilèges.

(1) E. Levasseur, *Histoire des classes ouvrières en France*, p. 419. t. I.

De telles mesures repressives avaient été provoquées par les efforts des gens de métiers en vue de conquérir des droits politiques. Aussi, peut-on attribuer à ces mesures un caractère autant politique que pénal : le côté pénal apparaît surtout dans les dispositions prises contre les bouchers, car elles avaient été provoquées avant tout par l'horreur des massacres qu'ils avaient accomplis pendant cette période troublée plus encore par leurs tentatives de participation aux affaires du royaume.

Du reste, à côté de ces condamnations prononcées par la royauté contre tout un corps, il y avait de nombreux procès entre corporations. Toutes ces sociétés tenaient d'une façon jalouse à leurs monopoles : aussi étaient elles toujours en procès : ces différends se terminaient toujours par une amende prononcée contre le corps condamné. Ces querelles ont rempli de leur bruit le moyen âge tout entier : certaines même se sont prolongées jusqu'au siècle dernier. On cite un procès qui divisa, pendant plus de trois siècles, les tailleurs et les fripiers : au XVIIIe siècle il n'était pas encore tranché. Il en fût de même de la querelle entre chapeliers et merciers. La guerre était, en quelque sorte, permanente entre les corporations qui se rencontraient sur un même terrain.

Pendant la même période, la législation de l'Empire demeurait, elle aussi, fidèle à l'ancienne notion germanique de la responsabilité collective. Une ordonnance de 1548, destinée à assurer la paix publique, reproduisant dans son titre II des dispositions analogues à celles que contenaient les « Constitutiones pacis » des siècles précédents : elle obligeait les villes à respecter rigoureusement la paix publique, sous peine de se voir condamner à une amende de deux mille marks d'or fin et à la perte de toutes leurs libertés. Pour avoir enfreint ces dispositions, nous voyons des villes mises au ban de l'Empire, par arrêt de justice, avec leurs bourgmestres, leur corps municipal et tous leurs habitants : leurs biens sont confisqués et deviennent choses communes, à moins qu'ils ne soient attribués à la partie plaignante.

Atténuations successivement apportées à la responsabilité collective.

On commençait à se préoccuper, dès avant la fin du Moyen-Age, des injustices que pouvait entraîner la condamnation de tout un groupe : au cours du XIIe siècle G. de Reigersberg demandait que « non totus populus judicio involvatur, Sed innocens a nocente, justus, ab injusto discernatur » (1). On en était ainsi venu sous l'influence du droit canon, tout en poursuivant la collectivité elle-même, à apprécier dans une certaine mesure la responsabilité individuelle de ses membres. Nous avons vu

____

(1) G. de Reigersberg (1093-1169).

que Bartole n'admettait pas que tous les membres de la corporation dussent toujours supporter les conséquences du crime imputé à l'universitas, il distinguait à ce sujet suivant la nature du fait incriminé. S'il conseille d'appliquer de préférence aux communautés la peine de l'amende, c'est parce qu'il est ainsi possible d'épargner les innocents en n'y faisant contribuer que les vrais coupables.

Les conditions nécessaires pour que la communauté soit pénalement obligée sont aussi devenus de plus en plus sévères : ce n'est qu'au début de son histoire que l'universitas a vu sa responsabilité engagée par l'acte isolé d'un simple membre : bientôt elle ne sera tenue que si l'acte émane d'une décision de la majorité, et s'il a été accompli dans les formes corporatives (1) ou si elle en a ratifié l'exécution. Le délit commis par l'un de ses administrateurs tend à n'être plus d'ordinaire regardé comme délit de l'universitas elle-même, l'influence de la maxime canonique *delictum personœ non nocet ecclesiœ* s'étend de plus en plus.

La peine, d'ailleurs, ne s'applique plus aveuglément à tous les individus qui, à raison de leur âge ou de leur sexe, semblent dignes de pitié. Le fait est fréquent, surtout en Italie, pays de droit romain et de droit canon. D'après les statuts de Rome, de 1363, le bannissement prononcé contre une commune n'atteint ni les

---

(1) Odofredus, 1. 9, § 1, D. 4, 2.

mineurs, ni les femmes : les clercs en sont également exemptés. Lorsqu'une commune est frappée d'amende, le chiffre en est d'ordinaire proportionné au nombre des citoyens adultes. A Padoue, dès 1276, les mineurs, les veuves, les septuagénaires n'y sont pas astreints. A Modène, en 1327, elle ne pèse ni sur les mineurs, ni sur les septuagénaires : à Salo, en 1386, les *personœ miserabiles*, à Cremione (1534), les veuves et les mineurs de 14 ans y échappent également. Parfois aussi, les absents bénéficient de la même indulgence.

On considère de plus en plus attentivement l'individu qui, jusque-là, disparaissait derrière l'association. L'idée de l'Être collectif réel, essentiellement distinct des individualités qu'il embrasse, s'est insensiblement modifiée. Les juristes de la fin du XVI° siècle ne séparent pas l'*universitas* des membres qui la composent : il en est ainsi particulièrement de A. Gail (1) et de Mynsinger (2). L'*universitas* n'est rien à leurs yeux sans les individus : ceux-ci finissent par être mis au premier plan. Aussi, voit-on, à l'idée d'obligation de la commu-

---

(1) Andreas Gail (1525-1587), *De Pace publica*, II, ch. 9, n° 4 : « Universitas enim nihil aliud est quam homines universitatis : quid quid igitur homines civitatis deliberato consilio faciunt, universitas fecisse censetur (1525-1587).

(2) Mynsinger (1517-1588) : « Ergo constat quod si omnes, vel major pars civium delictum aliquid committant, ipsa civitas sive universitas deliquisse dicatur, cum universitas nihil aliud est quam homines universitatis ». (dans *Singularium observationum Imperialis camerœ centuriœ*, VI) (Lips. 1591).

nauté, se substituer peu à peu l'idée d'obligation individuelle des membres. Ce que l'on veut désormais punir,
en prononçant une peine contre la communauté, ce
sont les individus qui auront pu et dû s'intéresser à la
légitimité de l'acte. « La responsabilité pénale de tout,
« dit Kohler (1), se change en une responsabilité pénale
« des membres. Dire que le tout est obligé, ce n'est
« qu'une façon d'exprimer l'obligation des individus,
« avec cette particularité cependant, que l'individu est
« puni même quand il n'est coupable que de n'avoir
« pas protesté contre l'acte incriminé. »

2º DU MOYEN-AGE A LA RÉVOLUTION.

Pendant toute cette période, la doctrine de Bartole
est universellement adoptée en France. Comme auparavant, la communauté peut être l'objet d'une sentence
pénale. Jusqu'à la fin du XVIIIᵉ siècle, le législateur se
refuse généralement à consacrer la notion romaine de
l'irresponsabilité collective. Pothier, dans son *Traité des
personnes*, décide que « les corps et communautés éta-
« blis suivant les lois du royaume, sont considérés dans
« l'Etat comme tenant lieu de personnes, *veluti per-
« sonam sustiment* » (2). Et cela est vrai aussi bien

(1) Kohler, *Studien aus dem Strafrecht*, t. III, p. 188 et s.
(2) Pothier, *Traité des personnes et des choses*, 1ʳᵉ partie, tit. VII,

au point de vue pénal qu'au point de vue civil, car l'ordonnance de 1670 déclare expressément qu'un procès criminel peut être poursuivi contre une communauté. Elle la considère comme capable des mêmes crimes que l'individu : l'article II du titre XXI ne vise pas seulement le cas de rebellion préméditée aux ordres du roi ou de justice.

Ce n'est pas contre les individus personnellement coupables mais contre la communauté elle-même que les poursuites criminelles ont lieu, aux termes de cette ordonnance (1). — On peut, il est vrai, poursuivre, outre la communauté, ceux de ses membres qui ont pris la part la plus importante au crime, mais cette mesure ne pouvant innocenter la communauté elle-même : ce qu'il faut éviter en pareil cas, c'est seulement que les individus déjà frappés par l'amende prononcée contre le groupe, ne soient l'objet d'une seconde condamnation pécuniaire pour le même fait. L'amende n'est d'ailleurs pas la seule peine établie par l'ordonnance contre la communauté : elle y ajoute le retrait des privilèges dont jouissait le corps. La condamnation peut comporter également « quelque autre punition qui « marque publiquement la peine du crime de la commu-

n° 210. — *Traité de la procédure criminelle*, sect. VI, art. 2, § 2. — *Des corps et communautés.*

(1) Tit. 21, art. 1 de l'ordonnance : Le procès sera fait aux communautés des villes, bourgs et villages, corps et compagnies, qui auraient commis quelque rebellion, violence ou autre crime.

« nauté ». Si c'est une ville, on pourra détruire ses murs. La peine peut même avoir un caractère purement moral. Pasquier cite comme exemple d'une telle peine, l'arrêt rendu en 1561 contre la Sorbonne coupable d'avoir laissé soutenir une thèse qui portait que le « pape avait le droit de priver le roi de son royaume ». Aux termes de cet arrêt, le bedeau, habillé d'une chape rouge devait, en présence des principaux de la Faculté, déclarer à l'audience que cette thèse avait été témérairement soutenue.

La poursuite intentée contre une communauté donne lieu à une procédure spéciale. Sur la réquisition du procureur du Roi, le juge la met en demeure de s'assembler pour nommer un syndic à qui elle donne, par devant notaire, procuration devant « contenir ce qu'il doit répondre ». C'est donc bien le corps qui agit en justice, puisqu'il arrête lui-même les moyens de défense. Le syndic est interrogé à sa place ; c'est avec lui que sont confrontés les témoins, c'est lui qui figure dans tous les actes du procès, sauf dans le dispositif du jugement, où la communauté elle-même est désignée : c'est contre elle que la condamnation est prononcée. Si la communauté ne désigne pas de syndic, le juge nomme lui-même un curateur contre lequel il est procédé de la même façon.

Telle est la situation des communautés dans l'ancien droit, en face de la loi pénale. Toutefois, il ne faudrait pas croire qu'à cette époque, la collectivité soit entière-

ment assimilée à l'individu au point de vue du libre
exercice de son activité. Depuis longtemps à la liberté
primitive d'association s'est substitué le régime de l'autorisation préalable. Dès l'époque de Beaumanoir, il
était admis en France qu'une commune ne saurait
exister sans l'assentiment du roi. Cette nécessité de l'autorisation du pouvoir, qui paraît ainsi avoir eu tout
d'abord le caractère d'une mesure politique, a été
successivement étendue à toute association. Au commen-
cement du XVIIᵉ siècle, il était passé en règle absolue
qu'aucune nouvelle congrégation, aucun ordre de che-
valerie ne pouvait être institué, aucun nouvel établissement de monastère ne pouvait avoir lieu sans une permission royale (1).

Mais, l'autorisation royale n'a pas pour effet de prêter
à la communauté la personnalité comme une qualité
étrangère à sa nature d'être collectif. L'intervention
de l'Etat n'avait ici d'autre raison d'être que l'exercice
de son droit de légitime défense. Domat (2) justifie ainsi

---

(1) L'édit de 1666 rédigé par le chancelier Séguier porte : « A l'ave-
« nir, il ne pourra être fait aucun établissement de collège, de monas-
« tère, de communauté religieuse ou séculière, même sous prétexte
« d'hospice, sans permission expresse de nous », et ailleurs : « Les rois
« nos prédécesseurs, ont jugé combien il était important à l'Etat et au
« bien de leur service qu'il ne se fît dans leur royaume aucun établis-
« sement de maisons régulières ou communautés sans leur auto-
« risation. »

(2) Domat, *Droit public*, livre I, titre II, sect. II, art. XIV. — Même
dée chez Loysel, *Institutes coutumières*, livre III, titre III, n⁰ 23.

cette nécessité d'autorisation : « Toutes assemblées de
« plusieurs personnes en un corps sont illicites à cause
« du danger de celles qui pourraient avoir pour fin
« quelque entreprise contre le public. » La nécessité de
l'approbation du souverain est ainsi une simple mesure
de police, et n'implique nullement comme de nos jours
que le roi s'arroge le pouvoir de faire sortir du néant
une nouvelle personne. Si la corporation autorisée naît
à la vie juridique avec la personnalité, c'est que cette
personnalité est une qualité qui fait partie de son essence
même, qui est inséparable de son existence. Il n'y a pas
là un attribut spécial que l'Etat, dont l'autorisation lui
est nécessaire pour se constituer, pourrait lui accorder
ou lui refuser suivant son bon plaisir, tout en permettant
sa formation.

C'est parce qu'elle est considérée comme une personne au même titre que l'individu, dès qu'elle existe
légalement, que la communauté est mise au même
rang que ce dernier par les dispositions pénales de
l'ancien droit. Puisqu'elle apparaît alors spontanément
comme une personne, sa capacité doit être la même
que celle de toute autre personne, et s'étendre aussi
loin que celle de l'individu. On comprend ainsi qu'elle
puisse, comme ce dernier, se rendre coupable de délits.
Sans doute la communauté est l'objet de nombreuses
dispositions spéciales de la part du législateur et le
pouvoir apporte bien des restrictions au libre exercice
de son activité, mais si on cherche à la mettre en quel-

que sorte en tutelle, c'est uniquement à cause des dangers qu'elle présente pour l'ordre et la fortune publics et non parce qu'on lui attribue la nature d'être sans réalité.

La responsabilité pénale était du reste un moyen efficace à la disposition du pouvoir, lui permettant de tenir en main les êtres juridiques.

Cette responsabilité était considérée comme inséparable de la personnalité. Aussi nous ne la voyons exister que pour les groupes formant de véritables corporations et non pour ceux où l'individu ne s'effaçait pas dans la collectivité. L'ancien droit établit, en effet, une distinction entre la simple association, où les individus continuent à jouer le rôle principal et prépondérant, et les corporations dans lesquelles l'individualité des membres s'est fondue pour faire place à un organisme nouveau. Ces dernières, seules pourvues de la personnalité, étaient seules aussi considérées comme ayant une activité véritablement distincte de celle de leurs membres. Dans celles où l'individualité des membres n'était pas éclipsée par celle du groupe, il ne pouvait être question de responsabilité collective, pas plus que de personnalité fictive.

C'est ainsi que dans les sociétés commerciales, sauf les sociétés par actions, les individus restant au premier plan, il ne devait s'agir que de poursuites individuelles en cas de délit commis même au nom et au profit de la société, car il n'y avait pas ici un organisme indépendant des individus qui le formaient et capable de se voir imputer le délit.

L'ancien droit adoptait en cette matiére les idées de Bartole, qui rattachait la capacité délictuelle des groupes à leur personnalité. C'est en effet, d'après cet auteur, parce qu'on leur attribue la qualité de personnes, qu'il faut les rendre responsables de leurs délits. Dès qu'on se trouvait en présence non plus d'une corporation possédant une personnalité propre, mais d'une simple association de copropriétaires, comme c'était le cas dans la plupart des sociétés commerciales (1), il n'y avait plus de raison, en principe, pour supposer au groupe lui-même la capacité délictuelle, et lui imposer à ce titre une responsabilité.

L'ordonnance criminelle ne s'occupait d'ailleurs que de communautés formant de véritables corps (2), au sens du Moyen-Age, douées d'une capacité juridique propre.

(1) Sur la distinction entre l'association et la corporation dans l'Ancien droit, M. Saleilles, *Annales de droit commercial*, fév. 95.

(2) Sous le nom de communauté, elle entend les habitants des villes, bourgs ou villages ; par corps, les universités, chapitres, colléges et couvents ; par compagnie, l'ordre des avocats, la communauté des procureurs, huissiers, etc., les corps des arts et métiers, et autres compagnies analogues, autorisés pour s'assembler. (Serpillon, *Ordonnance criminelle*, t. 2, p. 953).

DEUXIÈME PARTIE

DOCTRINES ALLEMANDES

—

Théorie moderne de l'école germanique. — Ses principaux représentants. — Son influence sur la législation et la jurisprudence allemandes.

Les théories actuellement en vigueur relatives à la responsabilité pénale des associations se ramènent à deux systèmes diamétralement opposés. Les uns, se ralliant à la notion romaine de l'universitas, être purement fictif, telle qu'elle est présentée par Savigny et son disciples Puchta, déclarent que cet être sans existence réelle, créé seulement pour les besoins du droit ne saurait avoir une volonté réelle et personnelle et que par conséquent il ne saurait être considéré comme responsable aux yeux de la loi pénale. Les autres prétendent faire revivre l'ancienne notion de l'être collectif réel et responsable sur laquelle avait vécu toute l'ancienne législation.

En droit pénal, dit Savigny (1), on ne peut rendre une personne responsable que de ce qui résulte directement ou indirectement de sa propre action. Or, la personne morale n'a pas de volonté propre et c'est par fiction qu'on lui attribue les actes de ses agents.

Une telle imputation ne saurait être admise en dehors du domaine du droit civil, car il ne saurait y avoir de représentation en matière de délit : un tel sujet de droit ne peut jamais être tenu que de l'obligation purement civile de réparer le dommage injustement causé.

Telle est l'opinion à laquelle sont à peu près unanimement ralliés en France les auteurs et la jurisprudence : elle avait été consacrée implicitement par le Code pénal de 1791 avant d'être formulée par Savigny, puisque ce code avait établi la règle de l'imputabilité, c'est-à-dire de la personnalité des fautes. Les politiques de la Révolution s'étaient déjà ralliés à la notion juridique des êtres fictifs et avaient adopté cette opinion de Thouret, le jurisconsulte le plus subtil de la Constituante, que les « corps n'existent que par la loi, que leurs droits dépendent de la loi, et que celle-ci peut les modifier et les détruire à son gré » (2) et cela, dans le but essentiellement pratique de s'emparer des biens des associations.

(1) Savigny, *Système*, II, p. 312. — La même idée est exprimée par Kierulff, *Théorie des gemeinen Civilrechts*, I, p. 135.

(2) Discours de Thouret, *Moniteur universel*, oct, 1789, n⁰ˢ 77, 80, 81,

L'ancienne théorie germanique avait disparu également du droit positif allemand, les codes et la jurisprudence tendaient à faire prévaloir cette idée, que l'homme seul peut être sujet actif d'un délit. Mais le triomphe de la théorie romaine de la fiction n'y a jamais été aussi incontesté que chez nous, la controverse n'a pas cessé, elle tend même de nos jours à rendre à l'idée germanique son ancien empire.

Les juristes du droit allemand indigène « das gemein deutsche Recht » déclarent que les êtres moraux forment des personnes véritables, aussi naturelles et aussi légitimes que les personnes physiques. Ils rejettent expressément toute idée de fiction, de création arbitraire de la loi. « La personne fictive dit Brinz, occupe dans la doctrine des personnes la même place qu'occupe dans la doctrine humaine la guenille qui sert d'épouvantail contre les oiseaux. »

Sintenis (1), après les auteurs du Moyen-Age et de l'ancien droit a proclamé la responsabilité délictuelle de la collectivité. A la notion romaine de la personne juridique, pure abstraction qui apparaît et disparaît au gré du législateur et n'existe que dans la mesure où il plaît à ce dernier de la faire vivre, Sintenis oppose l'ancienne corporation allemande, née de la communauté primitive

____

(1) Sintenis, *De delictis et pœnis universitatum.*

entre membres de la même famille ou habitants d'un même territoire, véritable titulaire de droits, propriétaire du sol commun, capable de vouloir et d'agir, proté‑geant elle-même la liberté de ses membres. Il reste d'ailleurs partisan de la fiction, mais admet cependant la responsabilité pénale des groupes.

Beseler (1) fait également revivre l'idée de l'association allemande, des gildes ou confréries, des communautés territoriales, différentes à la fois de l'universitas, personne sans réalité, et de la simple societas, qui ne possède par elle-même aucun droit et où les individus seuls sont capables et responsables. Il est d'avis que l'association est un sujet naturel de droit aussi bien que l'individu et il soutient qu'on peut imputer un crime à tout un peuple considéré en tant que collectivité aussi bien qu'à un simple particulier.

Zitelmann (2) établit aussi que la corporation est comme l'être humain un sujet naturel de droit, car elle est douée d'une volonté propre, qui ne veut que pour la collectivité même et est absolument distincte de celle des membres qui la constituent. Cette volonté est bien le résultat de la fusion des volontés individuelles, mais une fois née elle est absolument indépendante de ces volontés individuelles ; à elle seule appartiennent les droits attribués à la corporation. Cette volonté per-

(1) Beseler, *Manuel de Droit pénal.*
(2) Zitelmann, *Begriff und Wesen der sogenannten juristischen Personen.*

sonnifiée est aussi capable que la volonté humaine et peut aussi bien que cette dernière enfreindre la loi pénale.

Dahn (1) nous dit que la personne juridique n'est pas un vain fantôme, inventé pour amuser les profanes et dont les juristes ne peuvent s'empêcher de rire. « L'empire allemand, la ville de Kœnigsberg ne sont pas des êtres fictifs, mais ils ont tout autant de réalité qu'un citoyen allemand ou un habitant de Kœnigsberg. » Déjà auparavant Bluntschili avait établi que l'Etat est bien une personne réelle car il a une volonté et il est doué d'organes pour l'exprimer.

Ce qui en effet est nécessaire et suffisant à une collectivité, de droit privé ou de droit public, pour constituer un sujet de droit c'est qu'elle possède ce qui est indispensable à l'individu lui-même pour être capable de droits, une volonté consciente d'elle-même, et un corps, élément matériel. Ces deux éléments, de l'avis de Dahn, se retrouvent dans toute association. La volonté d'une association n'est autre chose que la volonté collective d'un certain nombre d'individus, c'est l'expression de l'avis de la majorité. L'élément corporel est constitué par l'ensemble des individus formant cette majorité. Douée de volonté comme l'individu, elle peut comme lui en faire un mauvais emploi ; ayant les mêmes droits que lui, elle a aussi les mêmes devoirs et on ne

(1) Dahn, *Vernunft in Recht*, p. 135 et s.

peut lui enlever la possibilité d'y faillir. Il en est de la
collectivité comme de l'homme. « Lui aussi, dit Dahn,
ne doit appliquer sa capacité qu'à des actes licites. Et
cependant s'il commet un vol, nous ne disons pas que
la raison ne lui a pas été donnée pour voler et nul ne
songe à le rendre incapable d'une telle action, nous
nous empressons de le punir. » Il n'y a aucune raison
d'agir autrement quand le coupable est une collectivité.

Le criminaliste Merkel (1) dans son manuel de Droit
pénal regrette que la corporation ne puisse être, dans
le droit allemand actuel, sujet actif de délit. Ce sont,
suivant lui, des considérations d'ordre pratique qui ont
fait exclure l'être moral du nombre des délinquants
possibles, mais on peut très bien concevoir des actes
délictueux imputables à une collectivité.

C'est aussi l'opinion d'Hinschius (2). Dans son histoire du droit ecclesiastique, il constate qu'il n'est pas
de disposition du droit canonique actuellement en vigueur condamnant expressément la capacité délictuelle
des chapitres, couvents, confréries, communes ou états,
et que la doctrine a le champ libre pour rejeter ou
maintenir cette capacité. L'auteur semble se ranger à
l'opinion dominante au moyen-âge : on peut imputer
un délit à une communauté, à condition qu'il s'agisse
d'un acte accompli dans la sphère que la loi assigne à

____

(1) *Manuel de Droit pénal*, p. 50.
(2) Hinschius, *Kirchenrecht*, t. II, p. 949 et s.

l'exercice de son activité et que cet acte émane des individus régulièrement chargés de la représenter et agissant dans les limites de leur compétence. C'est là une condition essentielle : en tout autre cas il n'y aurait plus qu'un délit imputable au seul individu.

Aux yeux de Listz (1), la capacité délictuelle des corporations paraît en théorie aussi légitime et pourrait être aussi étendue dans la pratique que leur capacité civile. Car, du moment qu'elle peut contracter, il lui est évidemment possible de passer des contrats dolosifs ou de se refuser à tenir ses engagements. On peut du reste la punir en la frappant dans ses privilèges et dans ses biens. L'auteur invoque à l'appui de sa thèse les dangers que présente l'irresponsabilité des sociétés, qui disposent de moyens d'action beaucoup plus puissants que l'individu et qui par là même sont plus dangereux.

Non seulement une telle responsabilité est utile et possible. mais il serait même injuste de ne pas l'admettre. Car le vrai coupable est ici la collectivité et non l'individu qui agit en son nom et il serait injuste de faire supporter à celui-ci tout le poids de la peine. « Il est contraire à l'idée de justice comme aux principes d'une bonne politique criminelle de laisser le vrai coupable impuni et de faire peser toute la responsabilité sur l'organe d'une volonté étrangère. » Listz admet ainsi que la corporation a une volonté : l'individu qui

______

(1) Listz, *Lehrbuch des deutschen Strafrecht*, p. 115, note.

agit en son nom ne fait qu'exécuter cette volonté : il
est l'organe artificiellement préposé à sa réalisation.
Nous verrons chez Gierke le développement de cette
idée avec cette différence toutefois que Listz nous parle
d'organes artificiels « kunstlische Organe », tandis que
pour Gierke l'agent est à la communauté ce que la
main est au corps : c'est un organe naturel.

La responsabilité des associations apparait à presque
tous ces auteurs comme inséparable de leur réalité. Pour
eux, l'assimilation de la collectivité à l'individu est com-
plète. La loi a bien le pouvoir de déterminer le moment
où commence et où finit cette personne nouvelle, mais
n'a-t-elle pas également le pouvoir de déterminer le
moment où l'individu est censé entrer dans la vie humaine (1)? « Dans cette matière, comme dans toutes
les autres, dit Van den Heuvel, résumant la théorie de
l'école germanique, le législateur ne crée pas l'ordre
naturel et légitime des choses; son pouvoir se borne à
le constater et à le fixer également pour tous, en tenant compte des faits, des circonstances et des mœurs. »

(1) *Situation légale des associations sans but lucratif en France
et en Belgique*, 2º éd., p. 33.

Théorie de Gierke.

Celui qui a le plus contribué au réveil de la vieille idée germanique de la collectivité, être réel et responsable est, sans contredit, le professeur Otto Gierke (1). Après avoir longuement retracé, dans son histoire, la *genèse* de l'association et les diverses modifications qu'elle a subies dans la doctrine et dans la pratique pendant tout le Moyen-Age et l'ancien droit, il arrive à voir en elle un véritable organisme vivant : de plus, elle est à ses yeux un organisme capable de penser. Nous sommes loin, dans cette doctrine, du fantôme de la personnalité fictive. La communauté doit, suivant l'auteur, être traitée comme l'individu, parce qu'elle est comme lui capable de vouloir et d'agir. Elle jouit naturellement des mêmes droits que lui et doit subir les mêmes devoirs. Il ne faut pas voir dans cette capacité de voir et d'agir une pure création du droit, une qualité que le législateur prêterait artificiellement à la collectivité. L'association la possède au même titre que la personnalité elle-même, par le seul fait de son existence, c'est un attribut imminent de l'être juridique.

(1) Gierke, *Das deutche Genossenschaftrecht*, 3 vol., Berlin 1866-73. « Die Genossenschaftlheorie und die deutsche Rechsprechung », Berlin 1887.

Il n'est pas nécessaire de faire intervenir ici la représentation : la collectivité veut et agit par elle-même tout comme l'individu, car elle est comme lui douée de volonté et pourvue d'organes par le moyen desquels elle réalise cette volonté. Elle n'est, elle-même, qu'un organisme, mais c'est un organisme qui peut vouloir les actes qu'il exécute. Cette volonté lui vient du dehors en principe, non pas de la loi, mais des individus qui se sont réunis pour la constituer. Ces individus jouent, auprès de l'être collectif, le rôle de simples organes, c'est par leur intermédiaire qu'il agit, mais c'est lui-même qui veut. Une fois, en effet, que les individus se sont unis pour former une corporation, leur volonté propre s'efface dans la même mesure que leur individualité, ou plutôt elle se transforme et devient, grâce au fait fondamental de l'unité de l'organisme, la volonté de la corporation tout entière.

Les agents, par l'intermédiaire desquels se réalise la volonté collective, ne sont pas plus les représentants de la corporation que la main ou le bras ne sont la représentation du corps. De même que dans un organisme quelconque l'action de l'un des organes dépend de l'organisme entier, de même la corporation fait sien l'acte de ses organes en vertu de son unité même. Ici nous ne sommes pas en présence d'une personne représentée par une autre personne ou, suivant l'expression de Gierke (1) « d'un tout par un tout distinct et équi-

____

(1) *Genossenschaftheorie*, p. 624 et s.

valent qui lui est adjoint ». Il est beaucoup plus exact
de dire que chaque organe n'est qu'une partie de l'organisme entier ; lorsqu'il remplit les fonctions auxquelles
il est préposé, c'est l'organisme entier qui réalise sa
volonté : « le tout est représenté par la partie chaque
fois que cette partie manifeste l'unité de vie du tout. »

Mais, pour qu'il en soit ainsi, l'intervention de la loi
est nécessaire. Car tandis que chez l'individu l'organisme fonctionne en vertu d'un arrangement naturel,
quand il s'agit d'une société, c'est à la loi qu'il appartient de déterminer les fonctions des organes(1). Pour
que l'acte accompli apparaisse comme réalisant la volonté de la corporation, il faut qu'il ait été exécuté par
l'organe que la loi ou les statuts sociaux ont préposé à
son exécution. A cette seule condition, l'acte de l'agent
est considéré comme accompli par la collectivité elle-
même.

Non seulement la corporation peut vouloir et réaliser
elle-même sa volonté, mais elle a pleinement conscience
de ses actes, elle est capable d'en apprécier la valeur.
L'auteur admet l'existence de cette conscience collective, contre laquelle protestaient les canonistes du
Moyen-Age. Cette conscience(2) est inséparable de la
volonté ; comme la volonté, elle réside dans l'organe et
devient conscience collective parce que l'organisme est

(1) Il n'y a donc pas identité entre l'organisme humain et l'organisme social, il y a seulement analogie.

(2) *Genoss.*, p. 627.

un et que tout ce qui est à l'organe est à l'organisme entier. La corporation agit ainsi en connaissance de cause : comme l'individu, elle est de bonne et de mauvaise foi et on pourrait l'admettre à prêter serment.

Il n'y a donc aucune différence de nature entre la personne physique et la personne juridique. L'une et l'autre ont une volonté consciente d'elle-même qui se réalise par l'intermédiaire de leurs organes. Seulement quand il s'agit de l'être juridique, il n'est plus question d'organes physiques, mais d'organes « au sens juridique » (1). Mais, de même que les organes de l'individu manifestent extérieurement l'unité de vie qui les anime, de même, les organes de la personne juridique expriment dans le domaine du droit l'unité de volonté et d'action de l'être collectif (Gesammtperson).

La loi ne se contente pas d'intervenir dans l'organisation intime de l'association; si elle ne crée pas sa capacité, si elle constate seulement l'existence, elle se réserve cependant le droit d'en déterminer l'exercice légal. Il en est des associations comme des individus; ils ont, à côté de leur capacité naturelle de vouloir et d'agir, une capacité légale que la loi délimite au mieux de leurs intérêts sans qu'elle puisse la restreindre arbitrairement. Seulement cette délimitation est plus étroite quand il s'agit de la personne juridique. La loi se garde,

---

(1) *Genossenschaftthéorie*, p. 645. « La notion d'organe corporatif n'a pas de modèle dans le droit individuel, elle a une valeur juridique spécifique et ne ressemble qu'à elle-même. »

en général, d'indiquer à l'individu l'emploi qu'il devra
faire de son activité ; elle se contente d'en empêcher
l'abus. S'agit-il au contraire d'une collectivité, le but
qu'elle doit poursuivre devient l'objet d'une réglemen-
tation, ses organes ne pourront agir valablement en son
nom que dans les limites assignées par la loi à l'exercice de ses droits(1). Tout acte accompli en dehors de
ces limites n'aura de corporatif que l'apparence et sera
déclarée nul, même s'il tend à la création d'un droit ou
d'une obligation qui ne serait pas incompatible avec la
nature même de l'être collectif. Tant qu'il reste dans
les limites assignées par la loi à son domaine d'action
l'organisme collectif jouit du plein exercice de ses droits,
il peut y réaliser librement sa volonté au moyen de ses
organes. Dans cette sphère légale d'action, l'acte isolé
d'un organe est considéré comme l'acte de toute la
communauté, au même titre que le serait une décision
de l'assemblée générale des membres, pourvu toutefois
que le fait accompli soit de la compétence de l'agent.
L'assemblée elle-même n'est d'ailleurs qu'un organe
corporatif, au même titre que tout autre préposé.

Il n'y a pas de raison pour distinguer, parmi les actes
que peut accomplir un organe, entre ceux qui sont licites et ceux qui sont contraires à la loi. Tout acte d'un

(1) *Genoss.*, p. 631.

organe étant acte de l'organisation entier à cause de
son unité, les fautes que les organes, viennent à commettre en agissant au nom de la collectivité doivent être
également imputées à l'organisme social, même lorsqu'elles entraînent une peine et non une simple réparation. Et l'on ne saurait objecter que la représentation
ne peut être admise en matière de faute, car l'acte de
l'organe ne ressemble en aucune façon à l'acte d'un
représentant. Une corporation peut, tout aussi bien
qu'un individu, agir par mandataire et alors elle ne
sera responsable que dans la mesure où le mandant est
tenu à raison des actes de son mandataire. Mais toutes
les fois qu'elle agit elle-même par le moyen de ses organes elle est directement obligée même par un délit,
car c'est elle-même qui le commet.

On ne peut empêcher la collectivité, non plus que
l'individu, de faire un emploi coupable de ses moyens
d'action. Le législateur, en assignant un but à l'activité
de toute association, ne peut l'empêcher d'avoir parfois
recours à des procédés illégaux pour l'atteindre. Quelque soit le soin avec lequel il délimite la sphère dans
laquelle devra s'exercer l'activité collective, il n'est
pas capable de lui enlever la possibilité d'enfreindre la
loi et de commettre le délit tout en restant dans son
domaine légal (1). En reconnaissant l'existence de l'association, le législateur lui reconnait implicitement la

____

(1) *Genoss.*, p. 756.

possibilité de manquer à ses devoirs et de mésuser de ses droits.

La volonté qui anime l'organisme social est une volonté consciente, elle peut vouloir le mal comme le bien, en connaissance de cause. Elle doit légitimement répondre des délits qu'elle commet par l'intermédiaire de ses organes parce que ceux-ci ne sont que les instruments auxquels elle a recours pour se réaliser. Toutefois, l'agent du délit ne joue le rôle d'instrument de cette volonté qu'autant qu'il a commis l'acte incriminé dans l'exercice de la fonction à laquelle il était proposé : hors de là il ne saurait obliger la corporation et il devrait supporter seul la responsabilité de son acte.

La responsabilité de l'organisme ne saurait d'ailleurs, d'après Gierke, faire disparaître celle de l'organe, car il s'agit ici d'un organe conscient, doué lui-même de volonté, puisque la volonté et la conscience de la collectivité lui viennent de ses membres. La responsabilité individuelle et la responsabilité sociale coexistent, car son rôle d'organe ne dispense pas l'individu de respecter la loi (1). Mais il ne peut se voir appliquer une double peine à raison d'un seul et même fait, c'était déjà l'avis de Bartole et des rédacteurs de l'Ordonnance de 1675. Mais, à la différence de ce qui était admis par ces auteurs, la communauté, dans la

_____

(1) *Genoss.*, p. 768.

doctrine de Gierke, sera seule poursuivie et condamnée dans son ensemble; toutefois, elle aura un recours contre celui de ses organes par la faute duquel elle se trouvera délictuellement engagée.

Si l'exécution du délit a été précédée d'une délibération de la communauté, et s'il a été décidé par tous les individus à l'unanimité, la collectivité est légalement déclarée coupable et la peine peut frapper tous ses membres car ils sont légitimement considérés, sinon comme les auteurs, au moins comme les instigateurs du crime. Mais comment justifier la sentence qui s'adresse à toute la société alors qu'il y avait une minorité pour s'opposer à la résolution coupable, comment surtout la justifier dans le cas où l'organe n'a demandé l'avis de personne pour agir et a spontanément abusé de ses pouvoirs, sans toutefois sortir de son champ d'action ?

Suivant Gierke, on pourrait répondre que, en consentant à faire partie de la société, l'individu s'est par là même tacitement engagé à endosser la responsabilité des actes accomplis au nom de tous, et que la minorité doit obéissance à la majorité. Mais, dans la théorie de l'organisme, il n'est pas besoin de recourir à ce détour, il suffit de constater qu'un organe ne saurait agir sans que son acte se répercute dans l'organisme tout entier : cela tient à l'unité de l'organisme. Il n'y a là d'ailleurs aucune injustice, car l'équité veut que la peine corresponde exactement à la faute : individuelle quand elle est destinée à punir le crime d'un seul, elle doit être collective quand il s'agit de sanctionner le crime de tout un groupe. Il serait injuste de prononcer ici des peines individuelles car on ne saurait légitimement « faire subir aux individus la punition d'un fait dont ils ne sont les auteurs que pour partie » (1). Une condamnation prononcée contre le corps social lui-même peut seule satisfaire aux exigences du droit : seule, en effet, elle peut n'atteindre l'individu que dans sa qualité de membre du groupe coupable et dans la mesure de sa participation à l'acte incriminé, sauvegardant ainsi son activité individuelle.

L'auteur ne cherche même pas comme les criminalistes du Moyen-Age à distinguer les membres innocents et à ne faire peser le châtiment sur ceux que l'on peut légitimement considérer comme responsables. Une telle distinction, à son avis, n'a pas de raison d'être. Tous les individus qui font partie de l'association peuvent être englobés dans la sentence rendue contre elle, car une telle sentence ne peut jamais leur faire perdre que ce qu'ils possèdent en tant que membres du groupe incriminé. Tout associé doit suivre la société dans sa bonne et sa mauvaise fortune, quel que soit son rôle dans la vie commune. Il est en effet conforme à la nature même de tout organisme social que tous ses membres présents et futurs soient obligés par ses actes et

(1) *Genoss.*, p. 774.

qu'ils partagent ses maux comme ses biens. La loi ne fait pas de distinction entre les individus qui la composent lorsqu'elle accorde ses faveurs à une communauté ; elle n'en restreint pas la jouissance aux seuls membres méritants, car c'est le groupe entier qu'elle entend favoriser et non les individualités dont il est formé. Il doit en être de même quand elle punit : c'est la collectivité même qu'elle entend frapper et si des innocents peuvent par hasard être atteints, il ne faut pas crier à l'injustice, car ils ne le sont jamais qu'en leur qualité de membres du groupe à la fortune duquel ils se sont attachés.

Il est d'ailleurs possible à l'arrêt rendu contre la collectivité de respecter l'activité individuelle, car il existe des peines essentiellement propres aux corporations et qui ne sauraient, en raison de leur nature même, atteindre dans leur vie privée les membres de la société coupable. En effet, comme le législateur reconnaît aux associations la jouissance et l'exercice de certains droits, comme il délimite toujours exactement le champ de leur activité, il lui est toujours possible de sanctionner l'abus qu'elles peuvent en faire, en restreignant ces limites, en supprimant ces droits. L'association possède un patrimoine, il peut être confisqué en bloc ou en détail, des amendes peuvent grever la caisse sociale : la société peut se voir enlever, par jugement, tout ou partie des privilèges dont elle jouissait, des honneurs qui lui étaient accordés, du pouvoir qu'elle exerçait sur les individus qui la composent. La dissolution peut également être prononcée contre elle à titre de peine. Les individus ne sauraient être lésés dans leur vie privée par ces pénalités qui s'appliquent au groupe, car elles ne portent que sur les biens dont le groupe était seul possesseur et dont les individus n'avaient la jouissance qu'en leur qualité de membres de l'organisme social. De plus, une telle condamnation ne produit son effet moral que sur la personne collective et non sur l'individu, car l'être collectif est doué de conscience comme de volonté et c'est bien à cette conscience collective qu'est reproché le délit. Les membres du groupe ont d'ailleurs le sentiment qu'ils ne sont ni personnellement coupables ni personnellement punis, mais seulement dans la mesure où ils participent à la formation de la volonté et de la conscience collectives (1).

La responsabilité qui incombe à l'association tenue à raison des fautes commises dans les contrats passés en son nom, des délits ou quasi-délits non prévus par la loi pénale, et qui sont le fait de ses agents repose sur les mêmes principes que sa responsabilité délictuelle. Ici encore, il est inutile d'invoquer la représentation. C'est parce qu'elle est un véritable sujet de droit, aussi capable que l'individu, douée comme lui du plein exer-

(1) *Genoss.*, p. 773.

cice de ses droits, c'est parce que dans tous les actes de ses préposés il faut voir la réalisation immédiate de sa propre volonté qu'elle est directement tenue de réparer le dommage qui peut en résulter parfois pour autrui.

La société passe avec des tiers des contrats par l'intermédiaire de ses organes. L'obligation ainsi formée émane directement de l'être collectif : c'est lui-même qui conclut et exécute. Elle apparaît dans tous les actes passés en son nom comme un organisme unique, contractant et exécutant lui-même ses conventions. Les relations juridiques sont pour elle une occasion de manifester sa personnalité.

Si l'agent de la société a recours à des moyens dolosifs ou frauduleux pour circonvenir les tiers, s'il passe une convention illicite ou s'il refuse d'exécuter l'engagement qu'il a consenti, la société elle-même doit à juste titre répondre de ces actes, car elle en est elle-même le véritable auteur : l'agent n'a été que l'instrument de sa volonté coupable.

Il en est de même dans toutes les relations que la société peut avoir avec des tiers. Elle a, comme l'individu le devoir de respecter les activités voisines et elle sera justement poursuivie en réparation du dommage qu'elle aura causé si elle use de ses moyens naturels d'action pour troubler les tiers dans l'exercice de leurs droits. C'est ainsi qu'elle peut être condamnée à des dommages et intérêts pour avoir usurpé ou troublé la possession d'autrui. Elle peut même, comme l'individu, être

obligée à réparer le dommage causé par simple négligence. C'est ainsi, dit Gierke, que l'État, les communes
peuvent être obligés, à titre de propriétaires négligents,
de réparer les dommages résultant du mauvais entre-
tien des chemins et des ponts.

La responsabilité civile de la collectivité est, comme
sa responsabilité pénale, identique à celle de tout autre
sujet de droit, qu'elle soit fondée sur une faute ou
qu'elle ait un autre motif. Il serait inexact ici de parler
de responsabilité à raison du fait d'autrui, puisqu'on
reconnaît à la personne juridique la capacité de réaliser
elle-même directement sa volonté. Sans doute une
société peut, au lieu d'agir immédiatement elle-même
par ses organes, se faire représenter par un tiers, et
alors, elle ne sera obligée par les fautes de ce représentant que dans la mesure où le serait toute autre personne
en pareille circonstance. Mais, lorsqu'elle emploie ses
moyens naturels d'action, elle est directement obligée
comme le serait l'individu lui-même.

C'est même, suivant Gierke, cette responsabilité collective qui a servi d'exemple à l'établissement de la responsabilité à raison du fait d'autrui. En effet, il n'y a, dans
cette dernière, qu'un vestige de l'antique solidarité fami-
liale qui obligeait le père à raison de la faute de tout
membre du groupe sur lequel s'étendait sa puissance.
Dans le cas où elle subsiste, cette responsabilité est
encore fondée sur un rapport d'autorité entre le coupable et son répondant. Si le maître doit répondre du

fait de son préposé, c'est que le préposé n'est qu'un instrument réalisant la volonté du maître, c'est qu'il n'est
pour celui-ci qu'un moyen d'élargir la sphère de son
activité personnelle. Cet élargissement de son champ
d'action ne saurait aller sans une extension équivalente
de sa responsabilité. Nous sommes encore ici en présence d'un organisme tenu de réparer le dommage causé
par le fonctionnement défectueux de l'un de ses membres. Toutefois, il ne saurait être question ici de responsabilité pénale, car nous ne sommes pas en présence
d'un être collectif distinct des individualités qui le constituent et auquel la faute délictuelle serait imputable. Les
grandes entreprises modernes (1) sont, elles aussi, de
véritables associations dans lesquelles vient se fondre
la personnalité de tous ceux qu'elles emploient ; la personnalité de l'entrepreneur les domine et les englobe
toutes : c'est pour cela qu'il doit répondre d'elles. Il ne
s'agit pas ici de rapports d'obligation entre individus
libres et égaux, mais d'une simple application de cette
ancienne idée que la personnalité de tous les individus
composant la famille, se confond dans la personnalité
du chef, seul agissant et seul responsable.

Telle est cette théorie « naturaliste » qui voit dans
l'association un organisme vivant, possédant une activité

(1) *Genoss.*, p. 803, note,

consciente et libre. La communauté est sujet de droit parce qu'elle est douée de volonté et pourvue d'organes qui lui permettent d'agir, c'est même pour cela qu'elle est une personne. Sa responsabilité est aussi étendue que la responsabilité humaine, elle a même raison d'être et même nature, elle ne doit pas être limitée à la réparation de dommages injustement causés. Sans doute, le législateur peut, en constatant l'existence de cette personnalité, lui reconnaître plus ou moins de droits et délimiter plus ou moins largement le cercle qu'il assigne à son activité, mais il agit de même vis-à-vis des individus. Leur capacité légale est loin de correspondre toujours exactement à celle qu'ils tiennent de la nature.

Mais, le pouvoir du législateur ne saurait aller jusqu'à rendre impossible à la personne collective l'emploi délictueux de son activité dans la sphère de son exercice, pas plus qu'il ne pourrait empêcher le jeu de ses organes de blesser parfois les activités voisines.

Législation allemande.

Les jurisconsultes allemands n'ont jamais admis d'une façon unanime, même après les travaux de Savigny, qu'une association dût être considérée comme incapable de commettre un délit, par le seul fait qu'elle est une fiction du droit. Même parmi les auteurs qui refusent toute réalité à un tel sujet de droit, il en est qui lui reconnaissent une responsabilité pénale au moins artificielle. Beaucoup (1) pensent en effet qu'il serait injuste que le législateur créât un sujet de droit capable de tirer directement profit de tous les actes de ses représentants sans être en même temps exposé à en subir tous les désavantages. Il faut, à leur avis, que le juge agisse ici comme le préteur antique et qu'il corrige ce que la stricte application des principes pourrait avoir d'injuste. On cite parfois cette opinion comme étant celle de Windscheid. Gierke range en effet cet auteur parmi ceux qui prétendent concilier la capacité délictuelle des sociétés avec leur caractère de pure fiction. Il en est de même de Beckker et de Dernburg qui, reconnaissant que l'être fictif ne peut agir lui-même, lui imputent néanmoins tous les actes mêmes délictuels de ses représentants car d'après eux le représentant peut obliger même délictuellement le représenté.

Dans la plupart des états allemands le législateur a consacré la doctrine romaniste. Ainsi, le Code pénal de Darmstadt pose en principe dans son article 44 que si la pluralité ou l'ensemble des membres d'une corporation concourt à un délit, les individus personnelle-

____

(1) Berendes, *Delicht und Haftung der juristichen Personen.*

ment coupables doivent être seuls punis. Le Code Bavarois de 1813 article 49, le Code Hanovrien article 56, le Code Autrichien § 486 sont conçus dans le même esprit. L'ancien Code pénal Prussien ne se prononce pas en cette matière. Le Code pénal fédéral est également muet sur la question de la capacité délictuelle des sociétés, mais on peut conclure avec raison de son silence que les décisions qu'il renferme ne sont applicables qu'aux individus.

Toutefois, si les Codes anciens et le nouveau Code pénal de l'Empire se refusent à faire de la communauté le sujet actif d'un délit, les lois spéciales qui ont trait aux associations semblent n'avoir pas été toujours rédigées dans le même esprit. On ne saurait dénier le caractère pénal à certaines de leurs dispositions qui, par leur nature ne peuvent viser que la société elle-même, autant du moins que les individus. Il en est ainsi dans les cas ou la dissolution est encourue par la société pour inobservation des règlements qui lui sont imposés. Cette dissolution est bien une peine visant la collectivité elle-même et non une simple mesure administrative, car elle est prononcée directement par les tribunaux de l'ordre judiciaire.

Gierke attribue ce caractère pénal à la dissolution établie par la loi Saxonne du 15 juin 1868, § 78 contre les sociétés autorisées, coupables d'usage illicite de leur personnalité.

Cette même loi dans son § 75 dispose que les tribunaux judiciaires peuvent obliger les personnes juridiques aussi bien que les individus à l'exécution de leurs engagements et en employant contre elles des peines disciplinaires.

La loi d'Empire du 14 mars 1875 § 49 rend aussi les tribunaux compétents pour retirer à une banque le privilège d'émettre des billets lorsqu'elle se livre à des opérations illicites ou dès qu'elle ne remplit plus les conditions qui lui étaient imposées.

Il en est de même en Suisse, aux termes des articles 710 et 716 du Code des obligations : les sociétés et les corporations peuvent être dissoutes par décision de l'autorité judiciaire lorsqu'elles se proposent un but contraire à la morale ou à la loi ou qu'elles ont recours à des procédés illégaux pour atteindre la fin qu'elles se proposent.

Dans ces lois, la société semble bien, suivant Gierke, être considérée comme personnellement délinquante. Elle est assimilée à l'individu au point de vue de la juridiction et l'arrêt rendu contre elle, tout comme celui qui viserait un individu, est motivé par une infraction à la loi. Ce ne sont ni ses administrateurs ni ses membres qui sont poursuivis, mais c'est la collectivité elle-même : la peine encourue ne peut, à raison de sa nature, atteindre directement un autre qu'elle. Il y a ici tout autre chose qu'une simple mesure arbitraire du pouvoir qui, ayant fait sortir du néant cette personnalité, ce serait réservé le droit de la détruire ou de dimi-

nuer à son gré les privilèges qu'il lui aurait gracieuse-
ment octroyés.

S'il est nécessaire qu'un jugement intervienne, c'est
que ces droits appartiennent à cette personne collective
au même titre qu'à tout autre sujet de droit.

Jurisprudence allemande.

La notion de la réalité de la personne collective, généralement condamnée par les codes, paraissant revivre
seulement dans quelques lois, n'a jamais cessé de subsister en Allemagne à l'état de coutume et d'exercer
une influence réelle sur les décisions de jurisprudence.
Celle-ci ne va pas jusqu'à reconnaître expressément
cette réalité, mais elle semble se rallier de plus en plus
à l'idée que le délit peut être imputé à un groupe aussi
bien qu'à l'individu.

Sans doute, il ne manque pas d'arrêt, consacrant la
doctrine de l'incapacité délictuelle. Nous citerons en ce
sens la décision suivante du tribunal supérieur « Ober-
tribunal » de Prusse : « Entre les deux doctrines qui
« divisent la science et la jurisprudence au sujet de
« la responsabilité délictuelle d'une corporation à rai-
« son des actes de ses représentants, nous nous pro-
« nonçons pour l'incapacité de la corporation, car cela
« est conforme à la nature de la personne juridique et

« de l'obligation délictuelle telles qu'elles nous sont
« données par le droit romain (1) » (Seuffert I, 33,
n° 304).

De même un arrêt du tribunal supérieur de Wolfen-
buttel (Seuffert, T. 1, n° 166), décidait « qu'une action
« quod vi aut clam ne peut être intentée contre une per-
« sonne juridique car c'est une action délictuelle (2) ».

« Attendu, dit un autre arrêt du même tribunal en
« date du 28 décembre 1868 que l'opinion consacrée
« par les lois de ce pays est qu'une personne juridique
« étant dépourvue de volonté et par suite n'étant pas
« responsable ne saurait se voir imputer un délit (3). »

Mais, c'est là une jurisprudence qui semble de plus
en plus abandonnée. Sans condamner expressément la
doctrine de Savigny, et tout en maintenant entre la
société et ses agents les rapports de représenté à représentants, on reconnaît d'ordinaire que la collectivité
peut être poursuivie à raison des actes délictuels de ses

______

(1) « Das bezuglich der in Wissenschaft und Praxis bestehen Streit-
frage, ob eine Corporation aus den gesetzwidrigen Haudlungen ihrer
Vertreter unmittelbur schadensersatzpflichtig werde, der verneinen-
deben Ansicht den Vorzug zu geben ist, welche in den Wesen der
juristischen Person und der Obligation aus Delicten ihre Begründung
und in den Quellen des rœmischen Reichs Bestætigun findet. »

(2) « Das Interdictum quod in aut clam ist, weil Delictstiloge, gegein
eine juristische Persen ohne Erfolg. »

(3) « Denn wenn die von den Gerichtenei eses Landes adoptirte
Moinung ist, das eine juristische Person wegen mangelnden Willens
und daher mangelnder Zurechnung sich eines Delicts nicht schuldig
machen kann... »

préposés ; et l'on fonde la poursuite sur une faute personnelle de la communauté, car on la déclare coupable d'avoir mal choisi ses préposés ou de ne les avoir pas suffisamment surveillés : « culpa in eligendo, vel custodiendo ». Cette opinion est généralement consacrée par les arrêts de Cours d'appel et c'est elle qui rallie le plus de suffrages dans la pratique (1).

On est même allé plus loin et nous pouvons citer des arrêts où les agents de la corporation sont considérés comme des organes, comme les simples instruments de la volonté de la personne juridique qu'ils représentent.

L'un émane de la Cour d'appel de Dresde qui considère l'universitas comme agissant elle-même et engageant directement sa responsabilité. Aux termes de cet arrêt (2), « l'universitas peut léser des tiers et por« ter atteinte à leurs droits soit par des actes positifs, « soit par de simples négligences... » (S. tome 1, nº 166).

Le second semble se rallier à la théorie de l'école naturaliste. La Cour d'appel de Darmestadt décide en effet que « les préposés par l'intermédiaire desquels la « personne judirique agit ne sont pas personnellement

______

(1) Berendes, op. cit., p. 37. — Gierke fait la même constatation : *Die Genossenschaftheorie.*

(2) « Iede Universitas kann durch ihre Bauftragten, velche in ihrem Namen handeln,... allerdings Dritte verletzen, und in ihren Rechten schmalern, sei dies nun durch wikliche Hamdlundgen oder Unterlassungen der Anvendung der nœtigen Sorgfalt oder der sonst erforderlichen Massregeln. » (O. A. G., Dresden).

« obligés envers les tiers qu'ils peuvent avoir lésés,
« car ils sont de véritables instruments aux mains de
« cette personne juridique (1). » (S. t. 7, n° 150).

La jurisprudence n'a d'ailleurs jamais refusé d'admettre que les contraventions aux lois et règlements de police obligent toute personne juridique aussi bien que les individus, et qu'elle doit, aux mêmes titres que ceux-ci, supporter les conséquences de l'infraction de ses représentants. (En ce sens, un arrêt rendu par le Tribunal de Berlin le 25 août 1882) (2).

Responsabilité pénale de l'association dans le nouveau Code civil de l'empire d'Allemagne.

Nous avons vu la responsabilité pénale des collectivités condamnée, au moins tacitement, par les différents codes des états allemands, même par le code pénal fédéral, et la jurisprudence divisée en cette question.

Quelle est sur ce point l'opinion du nouveau code civil allemand ? Nous examinerons d'abord l'opinion

(1) « Die physischen Personen, deren sich die juristische in ihren Geschæften bediene, im Verhaltnis zù Dritten durch sie beschadigten haben nicht die Stellung von selbstandig Verpflichteten, sondern von Werkzeugen der juristischen Person. »

(2) Les arrêts ci-dessus sont empruntés à Berendes : « Delickt und Haftung der juristischen Personen. »

du projet, à cause des discussions auxquels il a donné
lieu.

L'article 46 du projet était ainsi conçu : La corporation répond du dommage que sa direction ou l'un des
membres de celle-ci a causé, dans l'exercice de ses
fonctions, à un tiers par un acte illicite et obligeant à
réparation. » On faisait ainsi retomber sur la corporation elle-même les conséquences de la faute commise
par son représentant. Or le projet supprimait le quasi-
délit et posait, en matière de responsabilité pour autrui,
le principe de la faute personnelle. Il faut remarquer en
outre que cet article se trouvait placé au titre même
des personnes et non pas au chapitre consacré sur le
délit civil. La responsabilité qu'il établissait paraissait
ainsi fondée sur la nature même qu'il entendait donner à
la personne civile et il pouvait sembler que si la communauté était déclarée responsable, c'est que le projet
la considérait comme personnellement délinquante :
c'est sa propre volonté qui s'était réalisée par l'intermédiaire de son agent, celui-ci n'avait joué que le rôle
d'organe. Ce fut du moins l'opinion de Gierke (1) qui
déclara qu'il y avait dans cet article une application de
sa théorie de la nature et de la responsabilité des êtres
juridiques.

M. Michoud (2) ne partage pas cet avis. D'après lui,

(1) Gierke, *Revue de Schmoller*, XII, p. 1237.
(2) M. Michoud. Responsabilité de l'État. *Revue du Droit public*,
1895, t. 3, p. 414.

l'exposé des motifs s'oppose à l'admission de la faute coopérative comme base de l'obligation de la communauté, et la responsabilité qu'on a trouvée ici est uniquement fondée sur des considérations d'utilité pratique.

De même, Listz (1) se refuse à rconnaître dans ce texte une consécration de la théorie de l'école germanique. Il remarque, en effet, que si le projet établit le principe de la faute personnelle, il ne fonde nullement la responsabilité de la communauté sur une faute à elle propre, car il ne subordonne pas sa responsabilité ni à une *culpa in eligendo*, ni à une *culpa in custodiendo*. C'est donc que l'article 46 s'écarte ici du principe général de la responsabilité délictuelle pour revenir à l'idée de quasi délit ou de simple garantie.

M. Saleilles (2) objecte avec raison que si la responsabilité des actes délictueux de ses agents incombe à la société sans qu'il y ait à rechercher si elle-même est en faute, c'est précisément parce qu'on ne fait qu'appliquer ici, purement et simplement, la théorie de Gierke : c'est la société même qui agit, les membres de sa direction ne sont autre chose que ses organes, les instruments de sa volonté, leur délit est son propre délit, et c'est bien d'une obligation délictuelle que la communauté est tenue.

Mais, cette théorie aurait été admise ici, exception-

---

(1) Listz, dans *Bekker-Beitrage*, fasc. 5, note 9, p. 43.

(2) Saleilles, *Essai d'une théorie générale de l'obligation d'après le projet du Code civil allemand*, p. 367 et s. Nous lui avons emprunté cette discussion de l'article 46.

nellement, car le projet restait partout ailleurs fidèle à la théorie romaniste de la personne juridique. Il ne faut peut-être même voir là qu'une extension artificielle de représentation. L'article 46 du projet aurait ainsi voulu consacrer la théorie de Windscheid (1) plutôt que celle de Gierke, en prêtant aux sociétés la capacité « artificielle » de commettre le délit, et cela uniquement pour satisfaire aux besoins de la pratique et non dans l'intention de faire revivre la notion germanique de l'être collectif réel et responsable.

La personnalité de la collectivité aurait été ici encore considérée comme une pure création de la loi ; mais, en lui prêtant artificiellement la capacité de vouloir et d'agir par l'intermédiaire d'organes spécialement désignés, la loi aurait voulu la déclarer en même temps responsable par elle-même de tous les actes délictuels accomplis par ces derniers dans l'exercice de leurs fonctions.

En tout cas, si la rédaction en question voulait consacrer la théorie de Gierke, ce n'était qu'en y apportant des restrictions, car tandis que l'auteur admet que tout organe agissant dans les limites de sa sphère sociale, peut obliger délictuellement l'organisme tout entier, l'article 46 énumérait restrictivement ceux des membres dont le fait pouvait être considéré comme le fait de

(1) M. Saleilles remarque que le rédacteur des motifs paraît avoir emprunté à Windscheid jusqu'aux expressions qu'il emploie « kunstlich gewachrte Vertretung ».

la communauté, en effet, pour qu'elle fût réputée délinquante, il était nécessaire, au terme de l'article 46, que l'acte incriminé eût été accompli par le conseil de direction ou l'un de ses membres.

La rédaction définitive ne diffère pas sensiblement de celle du projet ; mais elle ne tranche pas expressément la discussion précédente.

L'article 31 du Code, correspondant à l'article 46 du projet est ainsi conçu : « L'association est responsable du préjudice que le directeur ou un autre de ses membres, ou un autre représentant nommé conformément aux statuts, a pu causer à un tiers par un acte fait dans l'exécution de la mission à lui donnée et obligeant à réparation. »

Nous constatons d'abord que la responsabilité de l'association se trouve aggravée, puisqu'elle peut être obligée par le fait de tout membre chargé d'une fonction sociale, ou même par l'acte d'un simple représentant régulièrement désigné, et non plus seulement par sa direction.

Quant au motif d'une telle obligation, il ne diffère pas de celui du projet : si la société est déclarée responsable, c'est qu'elle est considérée comme capable de faute. Car le Code, comme le projet, établit, en matière de responsabilité pour autrui, le principe de la faute personnelle. cela résulte de l'article 831,

Cette faute est-elle une simple *culpa in eligendo*, comme celle qui engage la responsabilité de tout préposant par suite des actes de son préposé? Cela ne nous parait pas admissible, car tandis que l'article 831 permet au préposant d'échapper à toute responsabilité en prouvant qu'il a apporté « les soins ordinaires » au choix qu'il a fait, ou que le dommage ne serait pas moins produit s'il avait pris de plus grandes précautions, l'article 31 n'autorise pas la société à faire une preuve semblable et à échapper ainsi à l'obligation de réparer. Il établit une présomption absolue de faute à la charge de la société. Il nous semble qu'il ne s'agit pas ici de responsabilité à raison du fait d'autrui, mais de l'obligation de réparer les effets d'une faute imputable à la société même.

Nous ne croyons pas cependant que les rédacteurs du Code aient voulu consacrer ici le système de Gierke.

Ils l'ont certainement rejeté en ce qui touche la juridiction dont les sociétés doivent relever. Car ils ont conservé à l'autorité administrative le droit de mettre fin à une association qui menace l'ordre public ou se détourne du but par elle annoncé (art. 44). L'autorité judiciaire n'est reconnue compétente que pour contraindre les membres de la direction à observer les prescriptions de publicité établies par la loi. Le tribunal du baillage dispose à cette effet de peines d'amende contre les directeurs de l'association, mais il ne s'agit pas ici d'une responsabilité collective du groupe (art. 78).

Le législateur ne semble pas davantage avoir adopté

les idées de l'école germanique en ce qui touche la nature même de la collectivité. La personnalité apparaît toujours comme une concession directe ou indirecte du pouvoir, qui conserve également le droit de la retirer (art. 21 et 22). Aussi ne pourrait-on pas songer, en lui imposant la responsabilité des actes de ses agents, à la considérer comme une personne réelle, capable de délinquer, on a plutôt voulu lui imposer une obligation légale, destinée à lui faciliter les relations juridiques, en sauvegardant l'intérêt des tiers lésés par ses agents.

C'est la doctrine de Windscheid et non celle de Gierke, qui nous parait avoir finalement guidé les auteurs du Code dans la détermination de la capacité des associations. Les dispositions de l'articte 31 semblent motivées avant tout par des considérations d'utilité pratique.

TROISIÈME PARTIE

DOCTRINES FRANÇAISES

—

Situation des associations dans la législation, la jurisprudence et la doctrine françaises, au point de vue de la responsabilité pénale.

I

LÉGISLATION ET JURISPRUDENCE.

Aucun texte de loi ne pose en principe l'irresponsabilité pénale des associations. Aucune disposition du Code pénal de 1810 n'établit que l'application des peines et la responsabilité doivent être restreintes aux seuls individus; à la différence du Code civil il ne consacre pas des articles spéciaux à sanctionner les abus de l'activité collective; toutes ses dispositions ont pour unique objet l'individu. Il prévoit cependant des cas de délits collectifs mais il ne se départit jamais de son principe fondamental que la peine doit toujours demeurer individuelle. C'est ainsi que les articles 123 à 126, prévoyant les coalitions de fonctionnaires, le concert de mesures contraires aux lois pratiquées « par des corps dépositaires de quelque partie de l'autorité publique » ne songent nullement à organiser une peine collective s'appliquant au corps constitué lui-même : chacun des individus qui le compose ou qui a pris part à la coalition est frappé d'une peine individuelle proportionnelle à son degré de culpabilité.

Il en est de même des autres cas dans lesquelles l'association est poursuivie parce que son but est considéré comme illicite ou criminel. Dans ces cas, c'est le fait même de l'association sous des formes plus ou moins variées, plus ou moins durables, que l'on veut réprimer, ce sont les individus eux-mêmes qui sont visés par la loi. Il en est ainsi des articles 210 et suivants qui ont pour objet les réunions armées, des articles 419 et suivants qui prévoient la coalition des détenteurs de marchandises pour amener une hausse ou une baisse non conforme à l'effet naturel de la concurrence. Les articles 265 et suivants du Code de 1810 visant les associations permanentes et durables de malfaiteurs, précisaient avec soin le degré de culpabilité qu'ils attachaient à la participation des individus à une telle association, suivant le rôle qu'ils y jouaient et distinguaient entre les chefs, les associés et ceux qui prêtaient leur assistance, pour leur appliquer des peines distinctes. La loi du 18 décembre 1893 en modifiant ces articles n'a pas changé leur esprit sur ce point. Ecartant l'idée d'organisation permanente, elle punit toute entente établie en vue de délit, et frappe individuellement tous ceux qui s'y sont intentionnellement affiliés et tous ceux qui les auront sciemment et volontairement favorisés.

Il en est de même des articles 292 à 295 qui visent l'association interdite pour elle-même, indépendamment de son but. Si une association de plus de 20 personnes s'est constituée sans l'agrément du gouvernement, ses chefs, directeurs et administrateurs sont individuellement poursuivis et tombent seuls sous le coup des dispositions pénales. Quand la réunion a été l'occasion de provocation à des crimes ou à des délits, cette circonstance entraîne une aggravation de la peine des chefs, directeurs et administrateurs et motive en outre une poursuite spéciale contre les auteurs de cette provocation. L'association illicite est elle-même dissoute, dans le cas de l'article 292 aussi bien que dans celui prévu par l'article 293, mais on voit là d'ordinaire une mesure administrative plutôt qu'une sanction pénale dirigée contre une collectivité.

Si toutes les pénalités édictées par le Code de 1810 ne visent que l'individu, c'est que ce code est dominé, comme toute notre législation pénale, par l'idée que seul l'individu est responsable ; seul il est considéré comme capable d'infraction, parce que seul il apparait comme doué d'une volonté intelligente et libre. « En déclarant un individu coupable d'une infraction, dit M. Garraud, la justice pénale affirme par cela même que cet individu a pu comprendre l'illégalité de l'acte qu'il a commis, qu'il l'a voulu, ou tout au moins qu'il n'a pas employé sa volonté à l'éviter et que par conséquent il est en faute (1). » La collectivité à laquelle une faveur du pouvoir donne la personnalité à raison de l'utilité qu'elle présente, ne remplit pas les conditions indispensables pour qu'une faute puisse lui être également imputée. En effet, elle est un être purement fictif auquel la loi n'attribue de volonté qu'autant qu'il lui en faut pour bien gérer son patrimoine. Etant reconnue capable de posséder, d'être propriétaire, elle peut être victime de délits contre la propriété et jouer ainsi le rôle de sujet passif de l'infraction. Mais le rôle de sujet actif du délit ne pouvait être reconnu à une pure abstraction (2), une sorte d'entité juridique.

Quant à celles qui, bien que pourvues de la personnalité n'ont pas un patrimoine et une existence distinctes de ceux de leurs membres, comme les sociétés commerciales en nom collectif et les sociétés auxquelles la personnalité civile n'est point accordée, elles ne peuvent, dans l'état actuel du droit, se voir imputer un délit. Nous sommes bien ici, il est vrai, en présence d'un groupe de personnes ayant un patrimoine commun, des

(1) Garraud, *Droit pénal français*, t. I, p. 428.
(2) Normand, *Droit criminel*, p. 594.

intérêts communs, mais cela ne suffit pas pour fonder une responsabilité commune. En droit pénal, en effet, chacun ne répond jamais que de ses propres actes, le principe de la personnalité des peines domine tout notre droit. « La communauté d'intérêts qui relie plusieurs personnes ne peut faire étendre la peine à celles qui n'ont point participé au délit commis dans l'intérêt de la collectivité soit comme auteurs, soit comme complices (1). »

D'ailleurs, une collectivité, qu'elle soit ou non personne morale est considérée dans notre droit comme ne pouvant agir que par représentants, car elle est dépourvue de tout moyen naturel d'action, et, pas plus qu'un simple individu elle ne saurait être pénalement obligée par le délit de son représentant, en vertu de cette règle, universellement admise « qu'en matière pénale, garantie n'a lieu » (2).

(1) Laborde, *Droit criminel*, p. 39.
(2) Ce principe n'est cependant pas absolu. C'est ainsi que le maître peut encourir, du fait de son préposé, une responsabilité non seulement civile, mais véritablement pénale, résultant soit de la loi, soit de la nature des choses. Les arrêtés qui réglementent l'exercice des professions industrielles peuvent mettre directement à la charge des chefs ou maîtres d'établissements les mesures prescrites dans un intérêt de salubrité, ou de sécurité publique. Leur responsabilité est alors engagée au point de vue pénal aussi bien qu'au point de vue civil, si leurs préposés viennent à enfreindre ces arrêtés. En ce sens D. 61, 5, 425. La loi des 6, 22 août 1791 déclare les propriétaires de marchandises dont l'entrée est prohibée responsables du fait de leurs agents et préposés et passibles, à ce titre des droits, confiscations, amendes et dépens. Même disposition dans le décret du 9 janvier 1852, article 12,

Tels sont les principes dont se sont inspirés les rédacteurs du Code pénal. L'individu est le seul auquel peuvent s'appliquer ces dispositions ; on avait rejeté l'idée du délit collectif, sauf pour les communes dont la responsabilité pénale demeurait consacrée par la loi du 10 vendémiaire an IV (tit. 4, art. 1er).

La législation et la jurisprudence postérieures sont-elles toujours demeurées fidèles à ces principes ? (1).

sur la pêche côtière, dans le décret du 19 mars 1852, relatif au rôle d'équipage.

(1) La loi du 10 vendémiaire an IV établissait à la charge des communes, en même temps qu'une responsabilité civile, une responsabilité pénale. Chaque commune était, en effet, rendue responsable des délits commis par des attroupements ou rassemblement, armés, ou non armés, soit envers les personnes, soit contre les propriétés privées (tit. IV, art. 1 de la loi). Si des habitants de la commune y avaient participé, la commune devait payer à l'État une amende égale au montant des dommages et intérêts qu'elle avait dû payer (art. 2). Les rédacteurs de la loi voyaient dans un tel délit une faute collective devant amener une réparation collective, car les habitants de la commune responsables ne pouvaient se décharger ni de l'amende ni des dommages intérêts, en prouvant qu'ils n'avaient en aucune manière pris part au délit. Il y avait bien là une survivance de l'antique notion germanique de la responsabilité du clan, de la tribu. Il n'en est plus de même aujourd'hui : la loi du 5 avril 1884 écarte toute responsabilité pénale, elle paraît n'être qu'une application de l'article 1384 du code civil aux communes.

La loi du 17 juillet 1874, destinée à prévenir les incendies dans les régions boisées de l'Algérie, déclare, dans son art. 8, que, « indépendamment des condamnations individuelles encourues par les auteurs des crimes, ou délits ou contraventions, en cas d'incendie de forêts, les tribus et douars pourraient être frappés d'amendes collectives ». L'application de ces dispositions a été étendue à la Tunisie et au Tonkin.

Loi du 21 avril 1810 sur les mines.

La Cour de cassation voit une dérogation au principe que l'individu seul est capable de tomber sous le coup des dispositions pénales, dans les articles 93 à 96 de la loi du 21 avril 1810 sur les mines.

Par arrêt du 6 août 1829 (1), elle décide que, en cas de contravention à la police des mines, commise par les ouvriers et agents d'une société, les amendes doivent être prononcées contre le corps social sans pouvoir l'être individuellement contre les personnes qui en font partie.

Le tribunal correctionnel de Sedan, partant de ce principe qu'une personne morale, être purement fictif, ne saurait encourir d'amende, avait condamné individuellement les deux associés composant toute la société, à chacun 500 francs d'amende pour infraction aux articles 73 et 93 de la loi du 21 avril 1810. Après confirmation de ce jugement par la Cour royale de Metz, les associés soutinrent devant la Cour de cassation qu'il ne pouvait être prononcé qu'une seule amende à raison de la contravention, car la contravention était un fait collectif et et social, et non un fait individuel ; c'était la société et non les associés, qui devait être condamnée.

La Cour de cassation fonda sa décision sur ce motif, que la mine appartenait à la société et non aux socié-

(1) S. 29, 1, 346.

G. 7

taires pris individuellement, et que, par conséquent, elle devait supporter seule les dispositions pénales de la loi, en sa qualité de propriétaire.

« Attendu, dit l'arrêt, qu'il n'appartient pas à la Cour royale de Metz d'étendre la portée de la responsabilité légale et l'application de la peine à des individus dont la réunion seule était propriétaire dans l'espèce et seule poursuivie à ce titre, et qu'elle n'a pu, dès lors, prononcer une amende contre chacune des personnes faisant partie de cette société, lorsqu'elles n'étaient point individuellement responsables en leur propre et privé nom, sans contravention aux dispositions de l'article 93 de la loi du 21 avril 1810, et 74 du Code pénal, etc. »

On invoque à l'appui de la doctrine consacrée par cet arrêt, l'article 86 de la même loi, aux termes duquel « les propriétaires exploitants, soit particuliers, soit communautés d'habitants, soit établissements publics » sont tenus de se conformer aux règlements établis en matière de mines. Le terme de propriétaire ne saurait, dit-on, avoir deux sens différents dans deux articles de la même loi, aussi voisins que les articles 86 et 93 : il doit comprendre, dans un cas comme dans l'autre, la communauté aussi bien que l'individu. L'article 86 ne parle pas, il est vrai, des sociétés, mais cela doit tenir uniquement à ce que les sociétés étaient peu développées en 1810, condamnées récemment par la Révolution qui prétendait que l'activité individuelle devait seule être considérée comme légitime et profitable. Les mines avaient alors une importance peu considérable, car l'industrie n'avait pas encore fait les grands progrès que l'on a vus depuis. Elles appartenaient le plus souvent à un ou plusieurs individus nominativement désignés, à la commune sur le territoire de laquelle elles se trouvaient ou à un établissement public, et c'est là ce qui explique que la loi ne désigne pas comme propriétaires possibles les sociétés. Mais elle doit s'appliquer indistinctement à tous, quelle que soit leur nature.

On ne peut objecter que si la Cour suprême n'a pas hésité à prononcer une condamnation unique contre la société elle-même, c'est qu'il s'agissait ici d'une simple amende. Car l'amende est une véritable peine : comme toute autre peine, elle doit être personnelle, ne peut être infligée qu'à l'auteur même de l'infraction et doit être proportionnée à son degré de culpabilité. Si l'on était en présence de plusieurs délinquants, il faudrait prononcer, non pas une amende unique mais autant d'amendes qu'il y aurait de délinquants, il faudrait que chacun d'eux supportât l'intégralité de l'amende fixée par la disposition pénale, de même que chacun des coupables devrait subir individuellement et intégralement la peine d'emprisonnement si l'emprisonnement était prononcé.

On présente parfois cette décision de la Cour comme établissant la règle générale qu'un être moral, une collectivité peuvent se rendre coupables d'une infraction, et être en conséquence frappés d'une amende unique.

On a voulu (1) en tirer cette conséquence générale que si une société commerciale vient à commettre un délit ou une contravention par l'intermédiaire de l'un de ses agents, il faut prononcer une amende unique contre l'être moral et non une amende distincte contre chacun des associés. Peu importerait d'ailleurs que plusieurs associés aient été mis en cause individuellement. Telle est l'opinion de MM. Chauveau et Faustin Hélie, qui voient là une exception à cette règle que l'amende doit toujours être individuelle comme toute autre peine. Elle est également admise dans le répertoire de Dalloz (v. Peine, n° 787).

Mais la jurisprudence et la majorité des auteurs n'ont pas admis une telle extension d'une disposition contenue dans une loi spéciale aussi sujette à controverse et qui semble bien peu en harmonie avec l'idée dont s'étaient inspirés presque en même temps les rédacteurs du Code pénal. La jurisprudence la considère comme exceptionnelle et lui donne une interprétation restrictive, elle en limite l'application aux sociétés minières.

C'est ainsi que par arrêt du 4 décembre 1838 (Sirey, 39, 1, 332), elle décide que des associés, convaincus de

---

(1) Blanche, *Droit pénal*, t. 1, n° 280. — Chauveau et Faustin Hélie, *Code pénal*, t. 1, 6° édit., p. 234. — M. Lainé admet qu'il ne devra être prononcé qu'une amende « lorsque le délit aura été commis par une société formant personne civile, c'est-à-dire par quelqu'un agissant en son nom, sans participation personnelle des membres dont elle est composée » (*Droit criminel*, t. 1, p. 313).

s'être rendus tous ensemble coupables du délit d'habitude d'usure, doivent être condamnés à des amendes distinctes. Aux yeux de la Cour, « la communauté d'intérêts entre ceux qui se rendent coupables de ce délit, comme par exemple s'ils sont associés pour faire le commerce, ne peut pas autoriser les tribunaux à ne prononcer qu'une amende, à se dispenser d'apprécier la culpabilité de chacun des prévenus, etc., il ne peut y avoir d'exception à cette règle qu'en vertu d'une disposition spéciale de la loi ».

Même décision dans deux arrêts, l'un du 10 mars 1877 et l'autre du 8 mars 1883 (D. 84, 1, 428). « Attendu dit le dernier arrêt que l'amende est une peine, que toute peine est personnelle, sauf les exceptions prévues par la loi, qu'elle ne peut donc être prononcée contre une société commerciale, etc. »

Les tribunaux ne se rallient même pas, en général, à cette opinion de la Cour suprême que la loi sur les mines contient une exception à la règle de l'incapacité délictuelle et de l'irresponsabilité pénale des sociétés. C'est ainsi que la Cour de Dijon, par arrêt du 9 juillet 1862, décide que en cas d'infraction aux règlements sur les mines, il y a lieu de prononcer des amendes distinctes contre chacun des associés (S. 62, 2, 365).

Cas de responsabilité pénale directe des Compagnies de chemins de fer.

Une seconde dérogation semble avoir été apportée à l'incapacité délictuelle des sociétés par la loi du 15 juillet 1845 sur la police des chemins de fer. Les articles 12 à 15 et l'article 21 de cette loi permettent de condamner à des amendes importantes les fermiers ou concessionnaires d'un chemin de fer. On admet généralement que ces amendes peuvent atteindre même des êtres impersonnels tels que des départements, des communes, des sociétés ou autres personnes morales propriétaires ou fermières de lignes. Le titre II de la loi n'établit en effet aucune distinction entre les différents concessionnaires de la ligne, et le Conseil d'État, dans plusieurs arrêts (1) n'hésite pas à prononcer les amendes dans les cas prévus par le texte quand le concessionnaire est un département, une commune ou même une société. La répression des contraventions atteint donc ici directement des personnes qui, d'après le droit commun, ne pourraient encourir qu'une responsabilité civile et dérivée.

M. Laferrière (2) explique cette dérogation à la règle

(1) Conseil d'État, 23 juillet 1841, département du Loiret. — 14 juin 1861, commune de Tournon.

(2) Laferrière, *Traité de juridiction administrative*, t. 2, p. 611, 612.

générale par le caractère particulier que présenteraient les amendes en matière de grande voirie. Suivant cet auteur, elles ne seraient pas de véritables peines car elles ne peuvent, comme en matière de simple police aboutir à la contrainte par corps en cas de non payement de l'amende, ou de récidive quand il s'agit d'infraction aux dispositions de l'article 21 du titre III de la loi.

Mais, de telles considérations ne sont pas suffisantes pour pouvoir en conclure que le caractère pénal de l'amende est ici modifié. Nous remarquons d'abord que, aux termes de l'article 21 du titre III de la loi, le juge est pleinement libre de ne pas prononcer la peine d'emprisonnement en cas de récidive. C'est une aggravation de pénalité qu'il est toujours libre de ne pas ajouter à l'amende. En outre, il faut constater que la contrainte par corps serait presque toujours inutile contre une société pourvue d'un patrimoine et d'une caisse sociale, la saisie du fonds social suffira pour garantir l'exécution de la peine et remplacera avantageusement la contrainte par corps, inapplicable à un tel délinquant.

Le fait du conseil d'administration ou d'un agent inférieur est aux yeux de la loi le fait de la Compagnie elle-même, sa responsabilité vis-à-vis de l'État couvre celle de son agent (1) (sauf toutefois son recours contre ce dernier) : mais, c'est une véritable responsabilité

(1) Sourdat, *Traité de la responsabilité*, 4ᵉ éd., t. 2, nᵒˢ 1033 et 1034.

pénale, un de ces cas exceptionnels où une société peut être délictuellement poursuivie à raison d'un délit à elle propre et pénalement condamné.

La jurisprudence du Conseil d'État consacre cette solution d'une façon générale relativement aux infractions en matière de voirie (1).

Une association peut-elle, aux yeux de la jurisprudence, être l'objet d'une poursuite pénale ?

C'est une règle de procédure que ni le Ministère public, ni la partie civile ne peuvent citer une corporation devant les tribunaux répressifs, à l'effet d'obtenir contre elle une condamnation pénale (2). C'est ainsi que, si une société est accusée de contrefaçon, il faut assigner non pas l'être moral qui, aux yeux de la jurisprudence, n'est pas coupable, mais bien le représentant légal de la société, car il est réputé l'auteur personnel du délit (3). Si la société est en nom collectif, l'assignation doit être lancée contre le gérant. Si la société est anonyme, ce sont les administrateurs et directeurs qui sont poursuivis. Est-ce une société en commandite, on citera individuellement tous les commanditaires qui auront quitté leur rôle purement passif pour faire des actes de gestion.

(1) Dalloz, V°, *Voirie par terre*, n° 261.
(2) Garraud, t. 1, p. 448.
(3) Nougier, *Brevets d'invention*, n° 924.

Une citation adressée à l'être moral lui-même serait frappée de nullité absolue et il n'y aurait pas là un simple vice de forme pouvant être couvert par la défense au fond. Cette doctrine est consacrée par un arrêt de la Cour de Paris du 16 décembre 1885 (S. 86, 2, 40) contrairement au jugement du 7 novembre 1885 qui avait reconnu valable la citation devant le tribunal correctionnel adressée à une société de tuileries accusée du délit de contrefaçon. C'est par pure fiction, aux yeux de la jurisprudence, qu'une société est assimilée à l'individu.

« Cette fiction légale, dit M. Pouillet, cesse précisément là où la réalité commence, c'est-à-dire devant la juridiction correctionnelle, qui demande au prévenu un compte personnel de ses actes, de ses intentions, et prononce des peines personnelles (1). »

Il faut remarquer cependant que la jurisprudence n'est pas toujours demeurée fidèle à ce principe, et nous pouvons citer un arrêt de la Cour de cassation (D. 92, 1, 417) (2) prononçant contre l'Etat, considéré comme personne civile, la peine de la confiscation pour contrefaçon. Il s'agit ici, non pas de la responsabilité indirecte de l'Etat, à raison du fait de ses agents, mais la contrefaçon est considérée, dans l'espèce, comme le fait de l'Etat lui-même, agissant directement. En effet,

(1) Pouillet, *Traité des brevets d'invention*, n° 858.
(2) D. 92, 1, 417. Note de A. Trolley de Prévaux.

la commande des objets contrefaits émanait du Ministre
du Commerce et le fait de ce représentant légal de
l'Etat, personnifiant l'Etat, était considéré comme le
fait de l'Etat lui-même et le faisait tomber sous le coup
de l'article 49 de la loi du 5 juillet 1844. Il s'agissait,
dans l'espèce, d'un dommage causé à un individu par
l'Etat dans un acte de gestion de son matériel. C'est
comme personne civile que l'Etat avait pu commettre
la contrefaçon et la faute dommageable, et c'est pourquoi les tribunaux judiciaires avaient été valablement
saisis.

Peines de simple police.

Les peines de simple de police ne sauraient, aux yeux
de la jurisprudence, être encourues par une société in-
dustrielle ou une communauté, pour inobservation des
règles d'hygiène imposées par un arrêté préfectoral.
C'est le directeur de la corporation ou de la Compagnie
qui doit, en règle générale, être déclaré pénalement responsable. En ce sens, arrêt de la Cour de cassation du
28 avril 1865 (D. 65, 1, 245).

La Cour suprême, par décision du 8 mars 1883 (1)
casse un arrêt du tribunal de simple police qui avait
prononcé la peine d'amende contre la Compagnie pari-
sienne des vidanges pour inobservation des prescriptions

____

(1) Cit. plus haut. D. 84. 1. 428,

édictées par des arrêts de police dans l'intérêt de la
salubrité publique. Les procès-verbaux de contravention
avaient été dressés contre la Compagnie elle-même,
c'est elle-même qui avait figuré au procès et avait été
condamnée.

Là Cour pose en règle générale « qu'on ne peut poursuivre devant les tribunaux de répression que des êtres
réels, passible d'une peine » elle casse pour ce motif
(6 avril 1894) une décision du tribunal de simple police
d'Argelès, du 8 décembre 1893, prononçant une amende
contre la Compagnie des chemins de fer du midi,
motivée par une contravention (*Pandectes françaises*
94, 1, 522.) Même décision, le 18 décembre 1891
(*Pandectes françaises* 93, 1, 207).

Les Cours d'appel et les tribunaux de première ins-
tance se rangent en général à l'opinion de la Cour suprême, et comme elle, admettent qu'on ne peut, en
principe, poursuivre délictuellement une collectivité, car
c'est un être sans réalité, qui n'agit jamais par lui-même
et qui, par sa nature même, échappe à la contrainte
par corps.

Les tribunaux de simple police sont presque seuls à
ne pas tenir compte de telles considérations et à prononcer l'amende contre une société. Cependant la Cour
d'Amiens, dans un arrêt du 18 janvier 1873, à propos
de la poursuite dirigée contre une commune à raison
d'un délit forestier, déclarait d'une façon générale
« qu'une réunion d'individus, agissant collectivement,

peut commettre un délit et être par conséquent passible
d'une peine en réparation de ce délit » (§ 73, 2, 73).

Loi du 24 juillet 1867, art. 64.

La loi du 24 juillet 1867 sur les sociétés oblige,
dans son article 64, les sociétés anonymes et les sociétés
en commandite par actions à faire précéder ou suivre
immédiatement la dénomination sociale des mots
« Société anonyme » ou « société en commandite par
actions » et de l'énonciation du montant du capital, « à
capital variable » si la société est de cette nature.

L'article ajoute que toute contravention à ces dispositions sera punie d'une amende de 50 à 1,000 francs,
mais il ne dit pas contre qui elle devra être prononcée.

D'après la jurisprudence, il ne faut pas voir là un
de ces cas exceptionnels dans lesquels une collectivité
peut être déclarée pénalement responsable. La Cour
d'Orléans s'est prononcée en ce sens dans un arrêt du
8 novembre 1887, pour lequel elle confirmait un jugement du tribunal correctionnel de Blois du 20 juillet 1887 (1).

L'appelant soutenait que les pénalités édictées par
l'article 64 ne devaient atteindre que la société elle-
même et non les administrateurs ou les auteurs des
contraventions spécifiées par cet article. La Cour est

____

(1) D, 88, 2, 97. — Note de M. Garraud.

d'avis que rien dans le texte de la loi ne justifie une telle prétention. Le texte invoqué, suivant elle, n'est pas conçu autrement que les articles 13 et 14 de la même loi qui ne prononcent évidemment que des peines indivi- duelles. « Attendu, dit l'arrêt, que les peines pécuniai- res qui ont, comme dans l'espèce, comme sanction la contrainte par corps (loi du 22 juillet 1867, art. 2 et 3) sont essentiellement personnelles, qu'elles sont im- puissantes à atteindre un être abstrait ou purement mo- ral comme une société ; qu'on ne pourrait comprendre une contravention ou un délit commis par cet être im- personnel lui-même, alors qu'il ne peut agir que par l'intermédiaire de ses représentants légaux......; qu'il faut appliquer ce texte, conformément aux principes généraux du droit pénal et ne faire subir la peine d'une faute qu'à ceux qui l'ont commise et non à une société qui n'a pas à se l'imputer, etc. »

La loi de 1867 avait voulu, ainsi que l'exprimait son rapporteur M. Mathieu (1), en améliorant l'ancienne lé- gislation, porter particulièrement remède aux dangers qu'offraient pour les Tiers « ces créations pour ainsi dire artificielles de la loi, agrégations de capitaux, sans responsabilité personnelle dans la société anonyme, ou avec une responsabilité isolée et affaiblie dans la com- mandite ». Mais il faut bien reconnaître, comme le

___

(1) Rapport de M. Mathieu, député au corps législatif. — Séance du 3 mai 1857. — *Moniteur* du 4 juin 1867, nᵒˢ 113.

constate l'arrêt de la Cour, qu'il n'est nulle part question (1), dans ce rapport, d'établir une responsabilité pénale directe de la société elle-même, il s'agit toujours de la responsabilité du gérant, du conseil de surveillance.

Loi du 12 juillet 1875, art. 19.

En déclarant les associations irresponsables des délits commis en leur nom, parce qu'elles n'agissent pas elles-mêmes, la jurisprudence veut respecter ce principe que la responsabilité doit toujours peser sur l'auteur du fait incriminé ; ce n'est pas seulement parce qu'elle n'a pas de réalité qu'elle est exemptée de toute peine, mais aussi parce que la peine doit être personnelle, comme la faute. Ces deux motifs sont invoqués dans la plupart de ses arrêts.

La législation, au contraire, n'a pas toujours observé aussi rigoureusement ce principe de la personnalité des peines. La loi du 12 juillet 1875 sur la liberté de l'enseignement supérieur établit une responsabilité du fait d'autrui, qui pèse, non pas, il est vrai, sur l'établissement lui-même, mais sur les administrateurs. Cette loi porte, en effet (2), que « tout refus de se soumettre à la surveillance des délégués du gouvernement, telle

(1) L'art. 61 de la loi correspond aux art. 24 et 41 du projet.
(2) Art. 19 de la loi.

qu'elle est prescrite par l'article 7, sera puni d'une amende de 1,000 à 3,000 francs. Tous les administrateurs de l'établissement seront civilement et solidairement responsables des amendes prononcées contre l'un ou plusieurs d'entre eux. »

Le groupe entier est aussi directement atteint dans la personne de chacun de ses administrateurs par l'effet de cette solidarité dans le paiement de l'amende. L'infraction à la disposition de l'article 7 de la loi est réputée la faute de chacun des administrateurs et par conséquent du groupe tout entier. La responsabilité individuelle aboutit ici au même résultat qu'une responsabilité collective de l'établissement lui-même. Ce qui semble motiver la solidarité établie par la loi, c'est le lien social qui unit les administrateurs.

Il y a ici une application de l'article 55 du Code pénal, elle aboutit au même résultat que l'institution d'une responsabilité collective du groupe.

On a également voulu établir une telle solidarité entre les agents de change. Dans la séance du 9 mars 1898, la Chambre des députés avait adopté, au cours de la discussion de la loi des finances, un amendement de M. Viviani consacrant cette thèse : la corporation des agents de change est solidairement responsable des fautes civiles, commerciales, des quasi délits, des délits et des crimes des membres de la corporation.

Le Sénat a repoussé cette proposition, mais cette solidarité existe en fait sinon en droit en ce qui concerne toutes les condamnations civiles et commerciales.

Loi du 21 mars 1884, art. 9.

La loi du 21 mars 1884, qui organise la formation et détermine le rôle des syndicats professionnels, établit, dans son article 9, des dispositions pénales destinées à faire observer les conditions qu'elle met à leur fonctionnement et les limites qu'elle prétend assigner à l'exercice de leur capacité. En cette matière, les tribunaux judiciaires sont seuls compétents. Les infractions aux articles 2, 3, 4, 5 et 6 de la loi entraînent des amendes individuelles contre les administrateurs et directeurs ; mais le Procureur de la République peut en outre demander aux Tribunaux la dissolution du syndicat. Cette dissolution n'apparaît pas ici comme une simple mesure administrative, elle est une véritable sentence pénale dirigée contre une collectivité. Nous sommes en présence d'une double poursuite, car elle est dirigée à la fois contre les administrateurs, puisqu'elle tend à faire prononcer contre eux la peine de l'amende, et contre la collectivité, puisqu'elle peut lui faire appliquer une peine compatible avec la nature d'un tel délinquant.

Les syndiqués autres que les administrateurs auxquels ne peut être reprochée l'infraction sont aussi atteints, non pas en tant qu'individus, mais comme membres du groupe coupable et dans la mesure de leur participation aux avantages collectifs.

Les agents directs sont punis à la fois en leur qualité d'auteurs du délit, par l'amende qu'ils encourent personnellement, et en tant que membres du syndicat par sa dissolution.

Ce n'est du reste pas le seul cas dans lequel la dissolution apparaît comme une véritable peine, à la disposition des tribunaux de l'ordre judiciaire contre les collectivités.

Les infractions aux articles 291, 292, 293, 294 du Code pénal et à la loi du 10 avril 1834 qui constituent notre droit commun sur la liberté d'association sont, en effet, en règle générale, du ressort de ces tribunaux et ils ont souvent prononcé en pareil cas la dissolution de l'association illicite, en même temps qu'ils en frappaient individuellement les chefs. L'article 4 de la loi du 10 avril 1834 est ainsi conçu : « Les infractions à la présente loi et à l'article 291 du Code pénal sont déférés aux tribunaux correctionnels. » L'administration devrait en principe se borner à exécuter l'arrêt rendu par les tribunaux judiciaires (1).

Cette compétence des tribunaux judiciaires pour pro-

____

(1) Nous avons vu que Gierke signale des exemples analogues dans la législation allemande.

noncer la dissolution des sociétés est d'ailleurs géné-
·ralement consacrée par les différents projets qui ont
été présentés depuis 1871, tendant à modifier le régime
légal des associations. Ainsi le projet de M. Goblet (1)
disposait que la dissolution d'une association ne pourrait résulter que d'un jugement établissant contravention à la loi. Il n'était fait exception à cette règle que
pour les associations composées en majeure partie
d'étrangers, ou se rattachant à des groupes fonction-
nant à l'étranger : le gouvernement pouvait les dissoudre, sans recourir aux tribunaux.

M. Jules Simon, défendant le projet présenté au Sénat
le 17 juin 1880 par M. Dufaure, était allé plus loin, et
avait implicitement admis la responsabilité délictuelle
des associations. On voit en effet, dans ce projet, que
s'il apparaît à la lecture des statuts que l'association
doit se livrer à des entreprises criminelles ou délic-
tuelles, on la traduira en police correctionnelle pour la
condamner à une amende de 500 à 2,000 francs, sans
préjudice de la dissolution.

Poursuites disciplinaires contre une corporation.

La Cour de cassation s'est départie de sa règle ordinaire dans son arrêt du 5 avril 1841 à propos d'une
poursuite disciplinaire dirigée contre l'ordre des avo-

(1) Présenté au Sénat le 24 décembre 1891.

cats. On invoquait dans l'espèce, à l'appui du pouvoir,
un moyen tiré de la fausse application des articles 466
et 474 du Code de procédure civile, consistant en ce
que la Cour royale avait déclaré les avocats non rece-
vables à intervenir en masse dans une poursuite disciplinaire qui avait pour objet une délibération prise par
l'ordre entier, sous prétexte que l'action était valablement intentée contre le bâtonnier en sa qualité de
représentant et de chef de l'ordre. Ce moyen fut rejeté
pour les motifs suivants : « Sur le premier moyen,
attendu que la poursuite disciplinaire sur laquelle a sta-
tué la Cour de Rouen (1) n'était dirigé ni contre M. X...
personnellement, ni contre aucun des avocats du barreau
de Rouen, mais contre M. X... en sa qualité de bâtonnier et en raison d'un fait imputé à l'ordre entier des
avocats ; que cette poursuite a dû être dirigée, comme
elle l'a été contre le bâtonnier, *comme chef et représentant légal de l'ordre,* qu'ainsi chacun des intervenants
était appelé en la personne du bâtonnier et représenté
par lui..., etc. »

La peine prononcée était l'annulation par la Cour de
la délibération incriminée avec signification de cette
annulation au bâtonnier de l'ordre. La faute était bien
une faute collective, car l'ordre entier était prévenu
« d'avoir méconnu le devoir de donner l'exemple du

____

(1) La Cour de Nancy avait prononcé la même pénalité collective
contre son barreau.

respect et de la soumission dus aux pouvoirs établis ».

Il est également admis qu'une chambre de notaires peut être l'objet d'une poursuite collective, pourvu toutefois qu'il s'agisse de simples peines disciplinaires, d'un effet purement moral comme le rappel à l'ordre et la censure, et non de véritables peines de répression (1) : les membres d'une chambre ne pourraient être suspendus ou destitués qu'au moyen de poursuites individuelles.

De même, lorsque la Cour suprême censure des juges d'un tribunal sans les désigner individuellement, c'est le tribunal considéré comme corps qu'elle entend censurer et non chacun de ses membres individuellement(2).

II

LES ASSOCIATIONS DANS LA DOCTRINE FRANÇAISE.

La doctrine française admet presque unanimement, au sujet de la nature de la personne morale, la théorie de la fiction. Les associations n'apparaissent pas chez nous comme des êtres doués de droits naturels dont ils auraient eux-même le plein exercice. La personnalité

---

(1) En ce sens : Roland de Villargues, *Discipline notariale*, n° 20. — Lefebvre, *Discipline notariale*, n° 64.

(2) En ce sens : Sirey, *Collection nouvelle*, an XI, p. 818, et arrêt du 9 mars 1809, rapporté par Carnot, *Discipline judiciaire*, n° 20.

ne leur est reconnue qu'en vertu d'une concession particulière à laquelle toutes sont loin de pouvoir prétendre. La personnalité est, en effet, d'ordinaire considérée comme n'appartenant qu'aux êtres humains, aux individus vivant d'une vie réelle, elle est attachée à leur qualité d'hommes. Au contraire, les associations ne peuvent, aux yeux du législateur, la posséder qu'en vertu d'une fiction de la loi. « Pour ces êtres de raison la personnalité civile est de droit artificiel, c'est une création arbitraire de la loi (1). » L'État ne se borne pas à donner ici une simple autorisation, il crée véritablement la personne juridique. « C'est lui, dit M. Piébourg qui, par sa toute puissance, revêt de l'aptitude aux droits une personne qui, avant cette concession, n'était rien et qui ne pouvait rien être sans elle (2). » Sans doute, son intervention immédiate n'est pas toujours nécessaire pour donner naissance à ce nouveau sujet de droit. Ainsi, les sociétés commerciales, par le seul fait de leur constitution et de la publicité qui les entoure, acquièrent de plein droit la personnalité. De même il est admis d'une façon presque unanime en doctrine et en jurisprudence qu'il suffit à une société civile de se soumettre à une publicité préalable pour devenir un être juridique. Les syndicats professionnels obtiennent la personnalité par le simple dépôt de leurs

(1) Discours de M. Jozon à l'assemblée nationale le 10 juin 1875.
(2) M. Piébourg, *Quelques questions sur les personnes civiles,* p. 20.

statuts. De même les lois du 24 juin 1865 et du 22 décembre 1888 autorisent la formation d'associations syndicales libres de propriétaires qui se constituent en dehors de tout contrôle administratif et sont douées de la personnalité.

Mais, c'est toujours la volonté de l'État, directe ou indirecte, immédiate ou déléguée, qui dans notre législation se retrouve à la naissance de toute personne civile.

Il ne suffit donc pas aux individus de s'associer pour que leur union constitue un nouveau sujet de droit. Ils sont considérés comme incapables de créer une personne nouvelle, si l'État n'intervient pas expressément. « Il est interdit à l'homme de faire de rien quelque chose, dit M. Piébourg (1) et cette éternelle vérité reçoit ici son application aussi bien que dans le monde physique. Comment la volonté privée qui ne peut pas augmenter la capacité de droit d'un être déjà existant pourrait-elle créer une personne avec l'aptitude aux droits ? »

Il est bien permis aux citoyens sous certaines conditions établies dans l'intérêt du bon ordre et de la sûreté publique de se réunir et de grouper leur forces, leurs capitaux, leur intelligence en vue d'un but pécuniaire ou purement moral, mais ils n'ont pas en eux-mêmes le pouvoir de doter leur association d'une indi-

____

(1) Piébourg. op. cit., p. 19.

vidualité propre, distincte de leurs propres individualités et capable de jouer le rôle de personne dans le domaine du droit.

Leur capacité.

1º *Associations dotées de la personnalité.*

La reconnaissance d'utilité publique, qu'elle émane
du législateur ou du pouvoir administratif, ne saurait
donner à une pure fiction une capacité identique à celle
de l'individu. Aucune disposition de nos codes ne délimite expressément la capacité civile de l'être juridique.
Ils semblent, sur ce point, avoir implicitement adopté
les idées de nos anciens auteurs, particulièrement de
Domat et de Pothier qui déclaraient que l'être juridique tient lieu de personne, et qu'à l'instar des sujets
naturels de droit, il peut aliéner, posséder des biens,
plaider, contracter, s'obliger et obliger les autres envers
lui.

Cependant, des auteurs, s'appuyant sur le silence de
nos lois, soutiennent que la personnalité juridique n'est
qu'une pure création de doctrine, abolument inconnue
du législateur. Les rédacteurs de notre Code civil, en
s'occupant de telles personnes, n'auraient voulu que
trancher des difficultés particulières, sans vouloir faire
de théorie générale à ce sujet : l'incapacité serait pour
elles la règle, la capacité l'exception.

D'autres vont plus loin et soutiennent qu'il ne faut pas voir dans la personne juridique un nouveau sujet de droit indépendant des divers individus qui la composent, elle ne serait en réalité qu'une manière d'être des droits individuels « un manteau destiné à couvrir non pas une existence abstraite et fictive, mais des individus réels, vivants et pratiques » (1). Les droits que l'on attribue à cette personne ne seraient en réalité que les droits de chacun des individus qu'elle unit. Il serait inutile de faire intervenir ici l'existence d'un être fictif, il suffirait de parler des droits des associés. « Les personnes morales, dit M. Planiol (2) sont bien des personnes, ce qui veut dire des sujets de droit, que des moyens ou instruments dont se servent les personnes véritables » les biens de l'association appartiendraient à ses membres : il y aurait ici un simple cas de copropriété.

M. de Vareilles-Sommières déclare également que « la société n'est personne, qu'il n'y a rien autre chose que les associés » (3).

Il ne saurait évidemment être question, dans cette

---

(1) Van den Heuvel, *Situation légale des associations sans but lucratif en France et en Belgique*, 2e éd. p. 56.

(2) M. Planiol, *Note sous Paris*, 3 juin 1893. D. 93, 2, 543.

(3) De Vareilles-Sommières, *Du contrat d'association*, p. 35. Cette opinion est partagée par M. Mongin (Étude sur la situation des sociétés dénuées de la personnalité. Dans *Revue critique*, 1890, p. 697). M. Sauzet affirme également que « Cette formule (la personnalité civile) ne signifie rien » : Chambre des députés le 21 mai 1897 (Officiel p. 1234) et aussi *Revue critique*, 1888, p. 349, 328.

théorie, d'établir une responsabilité pénale de cette personne, puisque son existence n'est même pas supposée. On est en présence d'individus, et on ne peut évidemment leur imputer que les fautes dont ils sont personnellement les auteurs.

Une autre doctrine, tout en maintenant à la personnalité de l'association son caractère purement fictif, tend au contraire à étendre de plus en plus ses pouvoirs et ses droits et à l'assimiler autant que possible à l'individu. Elle aurait ainsi tous les droits compatibles avec sa nature même et qu'une disposition spéciale ne lui aurait pas expressément enlevés. Même les droits de famille ne lui seraient pas absolument étrangers (1). L'État, en même temps qu'il donne la vie a de tels sujets de droit assigne un champ d'action à leur activité : la capacité qu'il leur accorde doit être employée à réaliser une fin légalement déterminée, mais ce n'est pas une raison pour que cette capacité soit incomplète. « Nées de l'Etat, dit M. Beudant (2), elles obtiennent

(1) C'est ainsi qu'il arrive à l'Etat d'adopter les enfants des citoyens morts après avoir rendu d'éminents services. (Décret 23 janvier 1793. — Loi du 13 janvier 1850. — Décret du 26 novembre 1851. — Décret du 30 octobre 1870. — Loi du 26 mars 1871.

De même les lois du 15 pluviôse an XIII et le décret du 19 janvier 1811 mettent les enfants trouvés et les enfants abandonnés sous la tutelle des commissions administratives. La loi du 10 janvier 1849, article 3 institue l'assistance publique tutrice des enfants trouvés et des orphelins. Même disposition dans l'article 11 de la loi du 24 juillet 1889, qui organise la déchéance de la puissance paternelle.

(2) M. Beudant, D. 79, 1, 5, note.

de lui en tant qu'elles répondent à leur destination, tous les droits nécessaires à la vie juridique, à moins qu'un texte positif ne leur en retire quelques uns ou qu'ils ne soient incompatibles avec leur nature.

Mais, quelle que soit l'étendue que l'on donne à ses droits, la personne juridique demeure toujours une fiction, c'est un être sans réalité, incapable d'agir par lui-même et qui a toujours besoin d'être représenté : dépourvue de toute volonté propre, elle ne saurait commettre de délits et tomber sous le coup de la loi pénale. Il n'y a là qu'une abstraction, et le droit criminel ne saurait atteindre une abstraction, fût-elle même personnifiée fictivement.

Les partisans de la fiction n'admettent plus aujourd'hui, comme nos anciens auteurs après Bartole, que l'on puisse étendre la fiction jusqu'au domaine du droit pénal. A leurs yeux, l'être juridique n'est qu'un masque. L'association conservera ce masque tant qu'il pourra lui servir à réaliser sa fin, tant qu'il s'agira de contracter, d'ester en justice, de garantir la séparation du patrimoine des associés du patrimoine social. Dès qu'on sort du domaine des relations juridiques le masque tombe, il n'y a plus en présence que des individus. Le délit d'un groupe, que ce groupe soit ou non doté de la personnalité, n'est autre chose que le délit des personnes vivantes dont il est formé. Le groupe ne peut avoir une volonté libre, distincte de celle de ses agents, il n'a même aucune volonté. Ses administrateurs veulent et agissent

pour lui, ils doivent seuls être rendus personnellement
responsables, car seuls ils sont capables de donner les
motifs de l'acte accompli. On ne saurait même imputer
à une association les infractions non intentionnelles
commises en son nom, car on ne peut, en principe,
être déclaré pénalement responsable du fait d'autrui.
D'ailleurs un tel sujet de droit, purement artificiel, serait
incapable de ressentir l'effet de la peine qui serait prononcée contre lui.

Le délit collectif ne doit jamais être poursuivi que
comme l'œuvre personnelle de chacun de ceux qui y
ont participé. C'est le seul moyen de rendre la peine
efficace et de l'empêcher d'être injuste. « La responsabilité d'un être abstrait est une fiction, dit M. Garraud (1),
ce qui existe, c'est la responsabilité de ses membres.
Or, le droit criminel n'admet pas de fiction, car sous les
fictions vivent et agissent des personnes physiques, et
ce serait sur ces personnes physiques que porterait en
dernière analyse l'incidence de la peine. »

2° Associations non dotées de la personnalité.

En vertu des mêmes principes, lorsqu'un crime ou
délit vient à être commis par un membre d'une association ne jouissant pas de la personnalité morale, il ne
peut y avoir lieu qu'à une poursuite individuelle. Il ne

____

(1) Garraud, ouvrage cité, t. 4, p. 416.

peut même être question ici, avec la théorie de la fiction, d'autre coupable que l'agent direct, car il n'existe pas de personnalité distincte des individus et les englobant tous. Il n'y a ici que des droits individuels et des obligations individuelles. La question de la responsabilité pénale collective ne pouvait se poser, dans la théorie de la fiction, que pour l'association dotée par l'Etat de la personnalité. Il n'en était pas ainsi au temps de l'ordonnance criminelle, car toute association tenait alors lieu de personne par le seul fait de l'autorisation.

De nos jours, toutes les associations qui, ayant un but désintéressé, comme les sociétés littéraires, artistiques, les sociétés de courses, les congrégations religieuses non autorisées, ne rentrent pas dans la définition de l'article 1832 du Code civil, ou n'ont pas été reconnues d'utilité publique, ne sont, aux yeux de la loi, « qu'une agglomération de faits sans existence, sans valeur au point de vue juridique (1) ».

Il est impossible de leur imputer les actes même licites de leurs membres, car ceux-ci ne sauraient obliger un être auquel la loi ne prête même pas une personnalité fictive.

Tel est le principe. La jurisprudence s'y est longtemps conformée. Comme elle annulait tous les actes faits par l'un des associés dans l'intérêt et au nom de l'association, elle ne pouvait la rendre responsable

____

(1) Capitant, *Introduction à l'étude du droit,* p. 157.

même civilement des délits de ses agents. Elle allait plus loin; au moins quand il s'agissait de sociétés dépourvues de toute autorisation, elle se refusait à voir dans un tel groupement l'agent, même passif d'un délit. La Cour de cassation décide, en effet, qu'une société anonyme non autorisée, n'a pas le droit d'intenter, par l'intermédiaire de son directeur, une action en diffamation (D. 55, 1. 41).

Théorie tendant à assimiler les deux classes d'associations.

Il s'est produit de nos jours une réaction contre cette division des associations entre associations dépourvues de la personnalité et celles qui n'ont d'autre droit que celui d'exister. « La personnalité existe partout où il y a corporation légalement existante, dit M. Saleilles (1), établir une sorte de divorce entre l'existence régulière des corporations et l'existence de la personnalité civile, c'est un système hybride et tout empirique..... » Il y a là un retour évident à la doctrine de l'ancien droit (2). De plus, la personne morale n'apparaît plus aussi incontestablement comme une pure création de la loi. Son

(1) Salcilles, *Annales de droit commercial*, 1893, p. 77.

(2) Van den Heuvel (opusc. cité), proteste également contre cette division. « Grattez n'importe quelle personne morale, dit-il, et vous rencontrerez une association ordinaire avec tous ses éléments essentiels » (p. 53).

existence paraît bien plutôt s'imposer au législateur aussi nécessairement que celle de la personne physique. M. Hauriou (1) remarque en effet que lorsqu'une association a fonctionné pendant un certain temps elle prend, aux yeux de tous, une personnalité de fait et que le pouvoir, en la déclarant d'utilité publique, ne lui donne pas la vie mais ne fait que constater son existence antérieure. Cela est si vrai, dit l'auteur, que la reconnaissance d'utilité publique n'est accordée d'ordinaire qu'à des établissements ayant fait leurs preuves par une existence déjà prolongée, et qu'elle a pour effet de valider les libéralités qui leur ont été accordées antérieurement.

La notion de la personnalité morale apparaît de plus en plus comme un fait aussi naturel que la notion de personnalité physique. Loin d'être une pure création de la loi, elle s'impose à la reconnaissance du législateur : celui-ci ne peut se refuser à l'admettre, car c'est un organisme indispensable à la société moderne. « Ce n'est pas la loi seule qui crée la personne morale, dit M. Michoud (2). Le rôle du législateur consiste seule-

______

(1) Hauriou, *Précis de droit administratif*, 3ᵉ édit., p. **124**. Nous remarquons ici que le rapport de M. Bertauld, sur la proposition de loi du 8 mars 1871, relative aux associations, présentée par MM. Tolain, Lockroy et Floquet, établissait que la personnalité morale serait de droit pour toute association de caractère licite.

(2) Michoud. De la responsabilité de l'Etat, *Revue de droit public*, 1895, t. 3, p. 416.

ment à reconnaître, à sanctionner la volonté manifestée par une ou plusieurs personnes déjà existantes d'abdiquer une partie de leur personnalité au profit du nouveau sujet de droit qu'il s'agit de créer. »

Sans doute, la loi peut refuser à l'être collectif, produit de la volonté humaine, les avantages de la personnalité légale; elle peut, dans un but de police et d'intérêt général, limiter sa capacité d'agir, mais elle n'agit pas autrement envers les individus. Elle se refusait jadis à considérer l'esclave comme un sujet naturel de droit et on la voit encore aujourd'hui, dans de nombreuses dispositions, donner, mesurer, retirer aux hommes la vie juridique. « S'ils sont par nature des êtres réels, dit M. Lainé (1), c'est la loi qui les érige en personnes, ou du moins qui fait d'eux telles ou telles personnes. » Il n'agit pas autrement avec les groupes lorsqu'il leur reconnaît la personnalité.

La même réaction se produit dans la jurisprudence. Elle aussi tend à effacer de plus en plus la différence qui sépare les sociétes faites personnes morales de celles qui n'ont point reçu cette qualité. Elle accorde en fait à ces dernières une sorte de demi-personnalité (2).

Elle va même jusqu'à reconnaître aux associations non autorisées une certaine existence de fait qui peut

(1) Lainé. Des personnes morales en droit international privé. Dans *Journal de droit international privé*, 1893, p. 278.
(2) Capitant, opus. cité, p. 164.

engager leur responsabilité vis-à-vis des tiers et n'oblige chacun de leurs membres que dans la mesure de sa participation aux affaires communes (1). La Cour de cassation décide « qu'il suffit que le fait principal de l'existence d'une communauté religieuse soit constant pour qu'il soit possible d'intenter une action contre elle ». Une telle action peut être fondée non seulement sur un contrat ou quasi contrat, mais à plus forte raison sur un délit ou un quasi délit car « autrement, dit l'arrêt, la communauté non autorisée à raison du vice même de sa constitution,... échapperait dans sa personne collective et dans les individualités dont elle se compose à toute action de la part des tiers engagés avec elle ou lésés par sa faute et obtiendrait ainsi des immunités refusées aux sociétés autorisées ».

Les associations, qu'elles soient ou non dotées de la personnalité, apparaissent donc, même aux yeux de la pratique, comme ayant une existence réelle indépendante de toute intervention de la loi. L'être collectif n'est pas une simple abstraction car on ne saurait supposer une poursuite contre un être imaginaire et purement abstrait. Les associations sont bien plutôt des groupes d'individus réunis en vue d'un effort et d'un but commun (2). La loi ne fait ici que mettre en œuvre la nature humaine. L'être juridique qu'elle prétend créer ne sort

----

(1) Arrêt de la Cour de cassation (D. 58, 1, 24).
(2) Lainé, id., p. 279.

pas du néant, il est composé d'éléments humains qui lui donnent la vie en même temps qu'ils s'absorbent en lui.

Les groupes ont une existence réelle qui permet seule à la loi de les mettre au rang des personnes et de leur faire prendre directement part aux relations juridiques. Cette réalité est-elle un motif suffisant pour qu'on puisse les considérer comme capables de commettre un délit et de tomber sous le coup des lois pénales ?

Tant qu'il ne s'agit que de contracter et d'acquérir, il n'est pas absolument nécessaire d'être doué de volonté, car on peut, à défaut de volonté personnelle, emprunter la volonté d'autrui. La représentation est possible dans la plupart des relations juridiques. Mais, dès qu'il s'agit de délits, il ne peut plus en principe être question d'agir par représentant et les dispositions du droit pénal ne peuvent s'appliquer qu'à un sujet de droit doué d'une volonté consciente et libre, capable d'agir lui-même en connaissance de cause.

Volonté corporative.

Les partisans de la fiction soutiennent que la volonté qu'on attribue à l'être collectif n'est autre que celle de ses membres ou de ses administrateurs. L'homme a seul en effet la faculté naturelle de vouloir et d'agir, mais la loi peut prêter cette faculté aux groupes dont elle constate l'existence comme elle leur prête la faculté d'acquérir.

Telle nous semble être l'opinion de M. Michoud qui attribue à la société une volonté légale. — « Cette volonté (1) peut se mouvoir entre le bien et le mal, le licite et l'illicite, sans cesser pour cela d'être celle de l'être moral. Il suffit, pour qu'elle soit telle, qu'elle soit dirigée vers le but en vue duquel il est constitué. » Aussi, la personne morale doit-elle supporter les conséquences de l'acte accompli par son représentant dans l'exercice de ses fonctions. « Ecarter d'elle les conséquences de l'acte, sous prétexte qu'il est illicite, n'est pas plus raisonnable que de les écarter sous prétexte qu'il est maladroit ou inhabile. »

La personne morale est ainsi directement responsable des actes de ses représentants, mais l'auteur n'entend parler de la responsabilité civile de l'article 1382. Les conséquences pénales d'un acte doivent, à son avis, demeurer toujours personnelles à celui qui l'a commis. Elles ne doivent peser que sur l'agent coupable et non sur la collectivité, car celle-ci n'a pas une volonté réelle, elle n'a pas l'intelligence et la liberté nécessaires pour justifier l'application d'une peine, ces deux qualités ne se trouvent que chez l'homme.

Nous arrivons, avec ce système, au même résultat que celui auquel aboutit la doctrine de la fiction. Un être

____

(1) Michoud, op. cité, p. 418 et s.

sans volonté réelle, reconnu incapable de commettre un délit est cependant, ici encore, considéré comme pouvant commettre la faute nécessaire pour engager sa responsabilité civile.

Il nous semble plus logique de reconnaître, avec Gierke, à cet être collectif une volonté réelle née comme lui du libre groupement des volontés individuelles.

La volonté de la personne collective, comme son existence même, n'est pas une création de la loi. Celle-ci ne joue pas, vis-à-vis de la collectivité, le rôle qu'elle remplit auprès des enfants et des déments, lorsqu'elle leur attribue une volonté légale. Elle se borne ici encore à régulariser une opération qui se fait en dehors d'elle. Sa volonté collective a une existence réelle, ses éléments, dit M. Hauriou, sont des volitions humaines qui se mettent en acte pour créer un groupement « une volonté subjective » (1).

Il y a ainsi, dans le domaine des relations sociales, des volontés indépendantes, essentiellement distinctes de celles des individus (2). Sans doute, à la base de ces volontés se trouve toujours la volonté individuelle, mais cette volonté individuelle disparaît dans la volonté du

______

(1) Hauriou, *Revue générale de droit*, mars 98, nº 19.

(2) Georg., *Etudes sur la personne juridique*, Genève 1890 : « Ce qui s'oppose le plus à l'admission comme sujets de droit de ces volontés, c'est le fait que l'on oublie que c'est la volonté seule qui fait de l'homme un sujet de droit », p. 72.

groupe qu'elle contribue à former. Une fois née du groupement de volontés humaines, elle a une existence indépendante de celle des éléments dont elle est constituée.

Elle n'est, au fond, que la volonté expresse ou tacite des membres, mais elle se distingue cependant de la volonté individuelle, car, ainsi que le remarque Rousseau (1), « chaque individu peut, comme homme, avoir une volonté particulière, contraire ou dissemblable à la volonté générale qu'il a comme citoyen ». Le droit ne fait que légaliser l'existence de cette volonté collective, si elle est profitable à la société, il peut aussi lui refuser toute jouissance si le bien de la société l'exige. C'est l'existence de cette volonté qui fait de la corporation un sujet de droit, c'est à elle qu'elle doit d'être une personnalité, et non pas à une création arbitraire du législateur.

Etant capable de vouloir, la corporation peut se décider pour le mal comme pour le bien, en connaissance de cause. La loi pénale doit lui être applicable comme à l'individu, et la responsabilité collective a même raison d'être que la responsabilité individuelle. Toute forme d'activité, qu'elle soit collective ou individuelle, est tenue de respecter les activités voisines ; elle doit réparer le dommage que peut leur causer l'abus ou l'emploi défectueux de ses moyens d'action, et il faut en

____

(1) Rousseau, *Contrat social*, I, 7,

outre que l'application d'une peine fasse disparaître le trouble social qui peut résulter d'un tel abus.

On objectera que derrière la collectivité se trouvent des individus, et que la justice s'oppose à ce qu'une peine collective soit prononcée, car elle atteindrait indistinctivement tous les membres du groupe, sans être proportionnée à la part que chacun d'eux peut avoir prise au délit collectif, sans épargner même les innocents.

En réalité, l'injustice est beaucoup moindre qu'elle ne le paraît tout d'abord, si l'on veut observer que la peine prononcée contre la collectivité, n'atteindra ses membres que dans la mesure de leur participation à l'activité collective. Ils seront indirectement frappés par l'amende, le retrait des privilèges ou la dissolution de l'association, sans être atteints dans leur vie privée, à moins qu'ils ne soient individuellement poursuivis en qualité d'auteurs personnels de l'acte incriminé.

D'ailleurs, la société délictuellement engagée peut avoir un recours contre son préposé coupable, et ce recours profitera à tous les membres innocents.

Les individus appelés à jouir des avantages de la vie collective, doivent légitimement en subir les inconvénients; ainsi que le remarque Gierke, ils supporteront les conséquences de la faute collective comme ils profitent des bénéfices que réalise la société, des faveurs qui lui sont accordées. On ne peut, du reste, les considérer comme absolument étrangers au délit collectif, car il y a dans la volonté collective coupable une parcelle de leur propre volonté. Elle nous apparaît, en effet, comme un composé de volontés individuelles des membres, émises d'une façon expresse ou tacite. L'activité collective n'est en somme qu'une forme nouvelle que revêt l'activité humaine pour étendre son domaine d'action, il est légitime de punir cette activité lorsqu'elle devient délinquante, dans les formes qu'elle a revêtues pour enfreindre la loi pénale.

La volonté du groupe se réalise par l'intermédiaire de ses membres, mais tout membre ne saurait avoir le pouvoir d'obliger délictuellement la collectivité tout entière. Il serait excessif d'attribuer le rôle d'organes à tous les individus qni composent le groupe. Il ne faut pas, comme le prétend Gierke, que tout délit d'un administrateur social, même agissant dans l'accomplissement de ses fonctions, devienne le délit de la communauté. Il faut, suivant Karlowa, distinguer tout au moins parmi les organes de la communauté, ceux qui manifestent dans toute sa plénitude la volonté collective, de ceux qui ne sont en somme que des délégués ou mandataires, qui gardent. même dans l'accomplissement de leurs fonctions, leur individualité juridique propre et distincte de celle de la communauté, en d'autres termes, il est nécessaire de distinguer les organes de la collectivité de ses simples employés (1). Les premiers seuls pourront

____

(1) Saleilles, *Théorie de l'obligation d'après le projet du Code civil allemand*, p. 366.

obliger pénalement la collectivité à raison de leurs délits, les actes des seconds ne pourront entraîner qu'une
responsabilité indirecte et purement civile à la charge
du groupe.

La poursuite dirigée contre la collectivité ne saurait
d'ailleurs empêcher de poursuivre aussi l'agent du délit;
il n'est pas l'instrument aveugle d'une volonté étrangère,
c'est un organe conscient, ainsi que le remarque Gierke
lui-même, mais le simple recours que cet auteur donne
contre lui à la collectivité délictuellement engagée par
sa faute nous paraît insuffisant. Il pourra être l'objet d'une
poursuite individuelle, parallèle à celle engagée contre
la société elle-même et frappée d'une peine individuelle
distincte en qualité de co-auteur du délit.

III

APPLICATION DES ARTICLES 1382 ET 1383, C. CIV., AUX SOCIÉTÉS.

La jurisprudence et la presque unanimité de la doctrine française se refusent à faire de la responsabilité
pénale des sociétés une règle générale. Ils n'hésitent
pas cependant à les déclarer tenues de l'obligation
civile de réparer le dommage injustement causé à
autrui par leurs représentants. La jurisprudence voit
là une obligation directe à la charge de la société,
fondée sur une idée de faute, ou tout au moins de

négligence ou d'imprudence imputable à l'être collectif lui-même.

Un arrêt de la Cour suprème du 15 juin 1870 (D. 72, 1, 165) consacre ces principes. Il déclare « une société en commandite tenue comme obligée directe et personnelle de toutes les conséquences dommageables, du fait de son gérant dans les opérations sociales ». Pour qu'une société encoure une responsabilité, il suffit aux yeux de la Cour que le fait ait été commis par l'associé, représentant légal de la socicté. Le fait de cet associé est alors considéré comme l'acte propre de la société elle-même, elle en est directement responsable aux termes de l'article 1382.

Il s'agissait dans l'espèce de manœuvres frauduleuses et de dol commis par le gérant, représentant légal de la société en commandite dans ses rapports avec les tiers. La Cour d'Aix, considérant que l'ensemble des actionnaires de la Compagnie avait été absolument étranger aux manœuvres dolosives du gérant, n'avait pas cru devoir les obliger collectivement à payer des dommages et intérêts en condamnant la société à la réparation civile envers les tiers lésés, elle s'était contentée d'annuler le contrat entaché de fraude. Le pourvoi prétendait que la société devait être déclarée responsable en vertu de l'article 1384 du Code civil.

La Cour de cassation a décidé que la société devait en effet répondre des délits et quasi délits de son gérant, non pas en vertu de l'article 1384 3° qui établit une responsabilité indirecte du commettant à raison des actes de son préposé, mais en vertu de l'article 1382. Le fait du gérant est ainsi considéré comme le fait personnel de la société elle-même, car le gérant personnifie la société dans ses rapports avec les tiers, même lorsqu'il agit délictuellement, pourvu toutefois que l'acte incriminé ne soit pas étranger à l'exercice de ses fonctions.

La responsabilité civile que la loi établit à la charge des compagnies de chemin de fer à l'occasion des accidents qui proviennent de leur fait, des vices de leur matériel, de l'inobservation des réglements qui leur sont imposés, est de même souvent fondée sur l'idée de faute propre à la Compagnie elle-même. En effet, pour qu'elle soit tenue de réparer le dommage causé aux tiers, il faut qu'on puisse lui reprocher tout au moins une négligence ou une imprudence : s'il n'y a faute ni d'elle-même ni de ses agents elle n'est tenue d'aucune réparation. C'est ainsi qu'un arrêt de la Cour d'appel de Paris du 16 décembre 1873 (D. 74, 2, 126), décide que la responsabilité des Compagnies ne s'étend pas aux suites des attaques criminelles auxquelles les voyageurs peuvent être exposés de la part des tiers sans qu'aucune faute puisse leur être imputée.

Dans un arrêt du 28 juillet 1886 (D. 87, 1, 37), la Cour reconnaît également que l'on peut imputer à une Compagnie financière un défaut de surveillance de ses agents ou une imprudence, et la déclare par ce motif civilement responsable du crime de faux de son employé. Il faut remarquer toutefois qu'une relation doit pouvoir être établie entre le faux de l'employé et la négligence de la Compagnie (1).

Il semble contradictoire de considérer la société comme capable de commettre une faute suffisante pour engager sa responsabilité civile et de la regarder en même temps comme incapable de commettre un délit, car la responsabilité civile, comme la responsabilité pénale, aux yeux de la jurisprudence et de la plupart des auteurs, puise sa raison d'être « dans une faute subjective, intentionnelle ou non, c'est-à-dire dans un fait de volonté ». La faute d'un être juridique, sans existence ni volonté réelle est en effet incompréhensible. C'est pourquoi on a cherché à justifier autrement l'obligation pour l'être juridique de répondre civilement des délits commis par ses membres relativement à l'exercice de leurs fonctions. Savigny fait reposer cette obligation sur l'action de *in rem verso*. La collectivité ne saurait

(1) De même à propos d'une action en responsabilité dirigée contre une caisse d'épargne à raison de détournements commis par son caissier, la Cour de cassation déclare que certains faits qu'elle relève constituent une faute personnelle à la caisse d'épargne elle-même et la déclare responsable aux termes de l'article 1382 C. civ. Elle doit répondre des suites du mauvais choix qu'elle a fait.

La même jurisprudence est appliquée d'une façon constante aux Monts-de-piété (D. 85, 1, 10. — D. 75, 1, 145).

L'art. 1382 est également appliqué aux syndicats professionnels (D. 92, 1, 449).

s'enrichir injustement aux dépens d'autrui, elle doit restituer ce que lui a procuré le délit. Mais, cette explication devient insuffisante lorsque le délit ne l'a pas enrichi.

M. Garraud voit le motif de cette responsabilité civile de la collectivité dans ce fait que la loi lui permet d'avoir un patrimoine. On ne peut, dit l'auteur, permettre à un être métaphysique de posséder des biens, d'avoir des préposés et de contracter des obligations, sans lui imposer en même temps la réparation des fautes commises dans l'exercice de ce droit (1). La responsabilité civile des personnes civiles est fondée, suivant lui, sur la loi et non sur une faute, c'est une responsabilité légale. Cette responsabilité est nécessaire si l'on veut que l'association reconnue personne morale puisse tirer parti de son patrimoine et employer l'activité que lui reconnaît la loi. L'utilité qu'elle présente serait ainsi sa vraie raison d'être. Mais, il s'agirait toujours ici d'une responsabilité indirecte, de celle de l'article 1384 qui fait que les maîtres et commettants, quels qu'ils soient doivent réparer le dommage causé par leurs agents, sans qu'il y ait à se demander si ces maîtres ont manqué de vigilance et non de la responsabilité de l'article 1383 fondée sur un fait de négligence ou d'imprudence.

(1) Garraud, *Droit pénal général*, 2ᵉ éd., t. 1, p. 422, t. 2, p. 286.

M. Haus (1) reconnaît, au contraire, que l'obligation de réparer le dommage causé par ceux dont on doit répondre suppose bien la culpabilité de la personne responsable. Mais, pour cet auteur, seuls les individus doués de volonté sont capables de commettre une faute, et il voit dans l'obligation de réparer le préjudice non pas une obligation principale, mais un « cautionnement légal ». En réalité, ce n'est pas d'un simple cautionnement qu'il s'agit ici, mais d'une obligation principale imposée à l'être juridique, car la loi n'établit pas de distinction entre les différents sujets de droit auxquels est imposée la responsabilité civile. La société obligée par la faute de son représentant, aura bien un recours contre lui, mais un simple individu aurait le même droit ; elle est d'ailleurs tenue d'une obligation principale et non accessoire.

M. Saleilles (2) semble également partager l'opinion que la responsabilité civile qui pèse sur une société est étrangère à toute idée de faute. Il y aurait, suivant lui, dans cette question de la responsabilité, une simple question de risques mis par la loi à la charge de la collectivité. Cet avis est partagé aussi par M. Jousserand (3). Une telle responsabilité purement légale n'est

(1) Haus, *Principe du droit pénal belge*, 2e éd., t. 1, p. 186 et s.

(2) Saleilles, *Les accidents du travail et la responsabilité civile*, Paris 97.

(3) Jousserand, *De la responsabilité du fait des choses inanimées*, Paris 97.

pas, suivant cet auteur, étrangère à notre Code civil : elle est consacrée par l'article 1384 § 3 qui déclare les maîtres et commettants responsables du fait de leurs préposés, et qui s'applique même s'il n'y a aucune faute de leur part, même si ces préposés leur ont été imposés.

Le même article, dans son paragraphe 1er, ne parle également pas de faute en déclarant que l'on est responsable du fait des choses que l'on a sous sa garde ; il rattache l'obligation au seul fait de l'objet, animé ou non, qui a causé le préjudice.

La responsabilité civile des associations s'expliquerait ainsi sans qu'il soit nécessaire de supposer une faute, c'est-à-dire un fait de volonté, nous serions ici en présence d'une de ces obligations qui, aux termes de l'article 1370 § 2, résultent de la seule autorité de la loi. De cette manière on verrait disparaître l'antinomie qui existe dans la jurisprudence et la doctrine, entre la responsabilité civile des associations et leur irresponsabilité pénale.

Toutefois, tant que l'on s'en tient à l'opinion de la jurisprudence et que l'on admet à la charge des sociétés une responsabilité directe fondée sur les articles 1382 et 1383, et non seulement la responsabilité indirecte des articles 1384 et suivants, tant que l'on fait de l'acte du représentant l'acte même de la collectivité au nom de laquelle il agit, il faut implicitement admettre que l'être moral est capable de faute et il n'y a pas de raison pour restreindre sa capacité délictuelle à des faits de simple négligence ou d'imprudence.

Espagne, Etats-Unis, Angleterre.

La responsabilité pénale des associations n'est pas un fait absolument inconnu des législations étrangères.

En Espagne, la dissolution d'une association ne peut être prononcée que par l'autorité judiciaire. Le tribunal doit apprécier, non seulement la culpabilité des membres, mais aussi celui du Corps lui-même pris dans son ensemble. Il peut ne frapper que l'associé coupable, mais il a la faculté de dissoudre l'association lorsqu'il punit l'individu à raison d'un délit que l'association lui a permis de commettre, qu'il n'aurait pu commettre s'il n'avait pas fait partie du groupe. Le tribunal peut aussi considérer le groupe comme ayant la pleine responsabilité de l'infraction à la loi pénale et dans ce cas il n'a plus un pouvoir discrétionnaire, la dissolution de la société s'impose à lui. La loi espagnole traite ainsi l'association comme une personne physique, vivante et pleinement responsable. S'il y a violation de la loi constitutive de l'association, n'eut-elle été commise que par son directeur ou son chef, c'est l'association tout entière et non seulement l'agent coupable, qui sera punie (1).

(1) M. Larnaude, *Principes de droit public,* leçon du 10 février.

La doctrine de la responsabilité pénale des associations est aussi consacrée par la jurisprudence anglaise. Elle est également admise aux Etats-Unis (1), car elle paraît inséparable de la liberté d'association, reconnue dans ces pays.

Le Danemark, la Serbie et la Belgique, sans admettre la capacité délictuelle des groupements, attribuent cependant aux seuls tribunaux judiciaires le pouvoir de les dissoudre. L'association y est assimilée aux autres sujets de droit, au point de vue de la juridiction. Il faut de plus remarquer que ces législations ne soumettent les sociétés à aucun régime préventif.

(1) Le droit d'association existe d'une façon absolue aux Etats-Unis.

En Angleterre, seules les sociétés secrètes sont défendues, par le statut de Georges II, de 1799.

En Espagne, le droit d'association est consacré par la constitution de 1876, il n'y a d'illicites que les associations contraires à la morale publique, ou délictueuses dans leur objet.

QUATRIÉME PARTIE

LIBERTÉ D'ASSOCIATION ET RESPONSABILITE PÉNALE

—

La liberté d'association n'a jamais eu chez nous qu'une existence éphémère (1). A travers toutes les révolutions, la crainte des associations s'est toujours maintenue et transmise comme un dogme. De 1871 à 1895 dix-sept projets ont été déposés, réformant le régime auquel les associations se trouvent actuellement soumises. Tous abrogent les articles 291 et 292 du Code pénal. Mais, si le législateur a jugé que le temps n'est pas encore venu de reconnaître aux individus la liberté d'unir librement leurs efforts dans un but commun, il leur a facilité de plus en plus la faculté de se grouper. Les lois nouvelles tendent à consacrer cette idée exprimée par M. Acollas (2) que « le droit de l'individu étant le fon-

(1) La loi du 13 novembre 1790 autorisait la formation des sociétés libres ; de même la révolution de 1848, mais la loi du 28 juillet les soumettait à certaines conditions de publicité et de surveillance du pouvoir.

(2) Acollas, *Manuel de droit civil*, t. 3, p. 444.

dement de tout l'édifice juridique et social, et ce droit comportant la faculté de se réunir et de s'associer, il devrait toujours être loisible aux individus de se grouper pour former des personnes juridiques sous la seule condition d'avertir les tiers ».

L'esprit d'association s'affirme ainsi de plus en plus et se développe dans tous les sens. « C'est, dit M. Vavasseur (1), un magnifique épanouissement de la liberté humaine, qui, selon les économistes, devrait se suffire à elle-même en réduisant de plus en plus l'action de l'Etat à un rôle de surveillance. »

L'individu, incapable lorsqu'il est abandonné à ses propres forces tend, comme au moyen-âge, à sacrifier une partie de sa libre activité pour jouer le rôle de simple organe auprès d'une activité plus puissante, née de l'union des efforts individuels. Il semble que l'on veuille revenir de nos jours, en ce qui concerne l'organisation du travail, à ce qui existait aux siècles passés. Les corporations d'arts et métiers qui furent au XVIII° siècle l'objet de si vives attaques et succombèrent sous la Révolution tendent à reparaître. Presque en tous pays, les artisans se recherchent, se groupent comme jadis, et l'on a pu proclamer justement que les principes d'association et de coopération devaient être « les deux fortes assises du monde nouveau » (2).

(1) Vavasseur, *Revue des sociétés*, 1897, p. 397.
(2) Paul Deschanel, *La question sociale.*

Cette diminution progressive du rôle de l'Etat dans la constitution des sociétés et leur développement actuel semble devoir motiver le rétablissement de leur responsabilité pénale. Au congrès d'antropologie de Bruxelles de 1892, M. Tarde constatait cette importance nouvelle de la responsabilité collective. « De plus en plus, disait-il, par l'extension de l'association libre on en viendra à légiférer la solidarité de tout ordre dans le délit et dans la répression (1). »

Si l'on parle de rétablir la responsabilité pénale des groupes, ce n'est pas que l'on y soit conduit par le seul désir de voir revivre des institutions disparues. Nul ne songe à faire renaître les procès faits soit aux animaux soit aux cadavres.

La raison de cette pénalité, c'est que la collectivité apparaît de plus en plus comme un délinquant aussi possible que l'individu, capable, comme lui, de vouloir et d'exécuter des actes méritant une sanction pénale.

Cette responsabilité paraît nécessaire, même à des législations qui demeurent fidèles à la notion de la personnalité fictive. C'est ainsi que les Anglais, gens pratiques, sont unanimes à reconnaître que la peine est applicable aux associations comme aux autres sujets de droit, sans s'inquiéter de savoir si elles constituent des êtres réels.

---

(1) Tarde, *Congrès d'anthropologie criminelle de Bruxelles* 1892. Actes du congrès, p. 88 et s.

L'expérience montre, en effet, que les groupes sont
facilement portés à faire de leur puissance un usage
non seulement étranger à leur rôle légal (1), mais souvent même condamnable. Instruments de paix et de
progrès, ils deviennent trop fréquemment des moyens
de désordre (2); c'est même pour cette raison que
l'Etat, qui les craint, s'est toujours réservé le privilège
de les appeler à la vie et de les dissoudre lorsqu'ils
présentent quelque danger. Car ces êtres réputés fictifs,
que la loi a la prétention de tirer du néant et qu'on
nous présente d'ordinaire comme vivant dans les nuages
de l'abstraction, vivent et agissent sur cette terre par l'intermédiaire de représentants en chair et en os. Ces en-
tités juridiques, que l'on dit sans raison ni volonté, sont
capables, non seulement d'enfreindre la loi en sortant
de leur domaine légal d'action, mais aussi de méditer
et d'ordonnancer même des crimes. La responsabilité
de tels faits ne doit pas incomber aux seuls agents qui
les exécutent, car ceux-ci ne sont alors que les instruments de la volonté sociale délinquante : c'est l'histoire
des sociétés secrètes : elles n'ont jamais demandé au
pouvoir qu'il leur donnât la faculté de vivre, mais elles

(1) Van den Heuvel cite l'exemple du Vooruit de Gand qui, de simple
société corporative de consommation, est devenu un puissant agent
de propagande socialiste (Dans *Réforme sociale*, nos des 1er et
15 avril 1897).

(2) C'est pour la même raison que les associations avaient été
dissoutes à Rome, pour être devenues des centres de factions politiques.

ont souvent prouvé leur existence réelle en accomplissant des crimes dont les agents immédiats ne sauraient être considérés comme les seuls auteurs (1).

Mais ces associations, dont l'existence est par elle-même une infraction aux lois pénales, ne sont pas seules capables de commettre le délit, il en est ainsi de de toute société même régulièrement constituée. Une société corporative de fabrication peut se faire délinquante dans les mêmes circonstances qu'un producteur isolé ; il lui est, en effet possible, comme il le serait pour un fabricant individuel, soit d'enfreindre les prescriptions qui réglementent l'exercice de son industrie, soit de se rendre coupable de contrefaçon

De même les syndicats de producteurs, ou les syndicats financiers, abusant de leur rôle légal consistant à défendre des intérêts communs, peuvent faire œuvre de coalition et tomber ainsi sous le coup de l'article 419 du Code pénal.

Il faut remarquer, en général, que toute association tend à devenir exclusive, elle est facilement portée à considérer comme ennemis ceux qui n'en font point partie ; de plus, libre en principe, elle cherche trop sou-

---

(1) Le crime anarchiste ne présente pas le caractère de crime collectif, car l'anarchiste agit toujours par lui-même, sans recevoir d'ordre de personne, puisqu'il ne reconnaît aucune autorité. Chacun agit ici pour son propre compte, sous la seule impulsion de sa propre volonté, et non à la suite d'une entente préalable. Mais l'association peut ici encore, jouer un rôle dans le délit, en le provoquant indirectement, sans en préciser la nature ni les moyens.

vent à annihiler la liberté de ses membres. Cela est vrai, surtout pour les syndicats ouvriers.

Il nous semble nécessaire de punir les agissements tyranniques d'un syndicat envers l'ouvrier isolé qui refuse de se soumettre à sa loi, ou bien envers celui de ses membres qui vient à rompre le lien social. Trop souvent, en effet, le syndicat les empêche de trouver le travail nécessaire à leur existence. Trop souvent aussi il impose au patron sa volonté arbitraire, en le forçant, sous peine de grève, soit à renvoyer l'ouvrier libre, soit à garder des meneurs ou à les reprendre. Il y a là des faits de coercition imputables au groupe lui-même et qui exigent une sanction, car la liberté individuelle ne doit pas être à la merci de la puissance des groupes.

Quant aux sociétés anonymes, les terribles scandales financiers qu'elles ne cessent de causer manifestent assez clairement leur capacité délictuelle, et prouvent amplement l'insuffisance de la responsabilité individuelle en cette matière (1). M. Leroy-Beaulieu a dit à ce sujet : « ce qu'étaient autrefois, dans les temps les plus reculés du Moyen-Age, les grandes compagnies d'aventuriers et

(1) Dans l'état actuel de notre droit, la distribution de dividendes fictifs n'oblige pénalement que les administrateurs de la société, quand même cette distribution aurait eu lieu en vertu d'un vote de l'assemblée générale, à laquelle les statuts reconnaissaient le droit de fixer le chiffre des dividendes à distribuer. Le ministère public ne peut poursuivre que les administrateurs, même s'il est établi que l'assemblée connaissait l'infidélité des comptes présentés.

de brigands qui rançonnaient les marchands ou pillaient les campagnes, les sociétés par actions le sont aujourd'hui, non pas toutes, sans doute, mais beaucoup d'entre elles, avec plus de sécurité, plus d'impunité, plus de loisirs et plus de jouissances pour leurs fondateurs ou leurs directeurs. C'est une organisation méthodique du pillage ».

L'Etat, impuissant ici, comme il l'était au Moyen-Age, devrait tâcher de rendre l'impunité moins fréquente, en étendant la responsabilité.

Même si l'on admet qu'il soit toujours possible aux tribunaux d'établir les culpabilités individuelles et que le pouvoir n'ait plus besoin, comme jadis, de se décharger en partie sur les collectivités du soin de veiller au respect des lois en rendant leurs membres solidaires les uns des autres, la peine collective demeure encore légitime à nos yeux. Il nous semble même injuste, en présence du délit commis au nom et au profit de tout un groupe, de ne poursuivre que certains de ses membres considérés comme seuls pénalement responsables. C'est le groupe entier qui agissait par l'intermédiaire de son organe ; il doit donc être frappé dans son ensemble, car il est le vrai coupable.

C'est à l'influence du groupe sur l'agent que doit être attribuée, au moins en partie, l'exécution du délit. Et cela est vrai, non seulement lorsque cet agent obéit à l'ordre exprès de la collectivité, mais aussi quand il agit spontanément au nom et dans l'intérêt de tous. Nous voyons ici, non seulement une circonstance capable d'atténuer la responsabilité de l'auteur immédiat de l'acte incriminé, mais aussi une raison suffisante pour motiver une action délictuelle contre le groupe lui-même, véritable promoteur de l'infraction.

Pour que l'on soit autorisé à imputer ce rôle de promoteur au groupe, il suffit, à notre avis, que l'acte ait été accompli par l'agent dans l'exercices de ses fonctions sociales, car il réalisait alors la volonté sociale en même temps que sa propre volonté. Il en serait autrement, s'il n'existait aucune relation entre le crime commis et la fonction que son auteur devait remplir dans la communauté ; en pareil cas, il n'aurait plus délinqué comme membre d'une association, mais comme simple individu et il devrait être seul à supporter les conséquences pénales de son crime (1).

Lorsque le crime émane d'une volonté collective, il ne suffit pas d'imposer au groupe coupable la réparation civile du mal injustement causé ; car les dommages et intérêts, s'ils indemnisent parfois la victime, ne sauraient mettre fin au trouble social qui suit toujours le délit. Il est nécessaire de prononcer ici une véritable

____

(1) C'est ainsi que l'on ne saurait imputer à une communauté religieuse le crime de l'un de ses membres, alors qu'il n'existe aucun rapport entre le fait incriminé et le rôle du coupable dans la vie commune.

pénalité. Quel que soit le coupable, la sanction de sa faute doit être proportionnée non seulement à l'importance du dommage causé, mais surtout à son degré de culpabilité. Car, le but principal de la peine est d'intimider et d'amender le coupable, quel qu'il soit, individu ou groupe. Elle pourra bien lui fournir l'occasion de réparer le tort qu'il cause à sa victime, mais ce n'est là qu'un effet secondaire et par lui-même insuffisant.

Frapper une collectivité, c'est d'ailleurs se conformer au principe même de la personnalité des peines, qui domine notre droit pénal. Car ce principe exige que la peine s'adresse toujours au véritable auteur du fait incriminé, et à lui seul. C'est donc obéir à son esprit que de punir le groupe lui-même, lorsque le groupe est délinquant, lorsque le délit est imputable à la volonté collective.

Sans doute, il sera parfois impossible d'appliquer à un tel coupable la peine établie par la loi. Mais cette difficulté s'efface si l'on rejette le système des peines plus ou moins fixes, s'imposant au juge en face de tel délit, pour admettre le principe de l'individualisation qui laisse au tribunal la liberté de choisir librement parmi les peines légales, celle qui lui semble la plus conforme au caractère, à la nature même de l'inculpé.

Un tel choix est possible en présence d'un groupe coupable, comme en présence d'un simple individu.

Car il existe des peines corporatives, capables d'atteindre la collectivité même, *ut universitas*, en épargnant l'activité individuelle de ses membres. Nous avons vu la cour de Rouen prononcer contre l'ordre entier des avocats la peine de l'avertissement. Mais les peines disciplinaires ne sont pas seules applicables à de tels délinquants. Il faut y joindre toutes celles qui n'atteignent l'inculpé que dans sa considération (art. 36, C. pén.).

L'association peut, en outre, aussi bien que l'individu, être frappée d'amende ou de confiscation, ses privilèges et ses droits sont susceptibles d'être pénalement diminués. Si elle échappe, par sa nature même, à la réclusion, elle peut être bannie, ou voir restreindre son droit de réunion. La dissolution, prononcée par la voie judiciaire, sera sa peine capitale.

Sans doute, quelque soin que l'on prenne, on ne saurait empêcher la peine corporative de produire ses effets sur tous les associés, sans tenir compte du degré de responsabilité de chacun. Pour être frappés dans leur patrimoine commun, tous ne s'en trouvent pas moins indistinctement punis. Mais il n'y a pas ici une forme rajeunie de cette antique fatalité qui pesait jadis sur des familles ou des peuples entiers. Car tandis que la solidarité primitive était coercitive et forcée (1), nous voyons se développer aujourd'hui la solidarité libre,

(1) Ch. Gide, *L'idée de la solidarité.*

c'est-à-dire la coopération résultant du libre concours des volontés. C'est de plein gré que l'individu s'attache à la fortune d'un groupe. Il supportera les conséquences de la faute collective comme il subirait les suites d'une entreprise malheureuse, pour s'y être volontairement exposé.

APPENDICE

—

Doctrine de Béseler.

La doctrine de Béseler, reconnaissant une volonté réelle et une capacité délictuelle aux personnes morales est exposée, non dans un traité de droit pénal, mais dans les trois ouvrages principaux de cet auteur (V. bibliographie), en particulier dans le *System des gemeinen Privatrechts*. Dans ce dernier ouvrage (p. 240, 3ᵉ éd.), il constate que bien que, en cette matière les idées du Moyen-Age ne soient généralement plus admises par la science juridique, il faut cependant voir dans la responsabilité civile qui pèse sur les communes, sur les compagnies de chemins de fer à raison des fautes de leurs agents, une survivance de l'ancienne responsabilité pénale des corporations. Il y a là, d'après Beseler une reconnaissance implicite de l'existence d'une volonté réelle chez de tels sujets de droit. C'est aussi l'opinion de Bluntschli, de Baron et de Zitelmann.

Vu

Le Président de la thèse,
LE POITTEVIN.

Vu

L'Assesseur,

GERARDIN.

Vu et permis d'imprimer :

Le Vice-Recteur de l'Académie de Paris,

GRÉARD.

TABLE DES MATIÈRES

DEUXIÈME PARTIE

DOCTRINES ALLEMANDES

TROISIÈME PARTIE

DOCTRINES FRANÇAISES

QUATRIÈME PARTIE

LIBERTÉ D'ASSOCIATION ET RESPONSABILITÉ PÉNALE

GRANDE IMPRIMERIE DE BLOIS
Emmanuel Rivière, Ingénieur des Arts et Manufactures. x 5930

GRANDE IMPRIMERIE DE BLOIS.

EMMANUEL RIVIÈRE, Ingénieur des Arts et Manufactures. X 5030

9 782019 261429